放大鏡下的日本城市慢旅

沖繩

圖鑑

以圖解
淺顯易懂地
介紹日本的
名勝與文化

瑞昇文化

從空中俯瞰
沖繩本島

被珊瑚礁海岸包圍，南北狹長的沖繩本島。
縣政府所在地的那霸市周邊街區寬廣，
另外，被群山覆蓋的北部·山原地區綠意漸濃。
用飛鳥的視線，來看看凝聚多彩魅力的沖繩本島吧！

轉載自「日本大地圖」U-CAN ©黑澤達矢

殘波岬

座喜味城跡

東海

中城城跡

沖繩國立劇場

首里城

國際通

那霸機場

Yui-Rail

識名園

玉泉洞

系滿港

和平祈念公園

喜屋武岬

伊江島

八重岳

今歸仁城跡

古宇利島

邊戶岬

與那霸岳

沖繩美麗海水族館

名護灣

萬座毛

金武灣

勝連城跡　海中道路

濱比嘉島

中城灣

齋場御嶽

久高島

太平洋

3

在沖繩會遇見的
多種生物

自珊瑚礁海中到岸邊、入海口，自河川到樹木、森林、高山，
亞熱帶海洋性氣候的沖繩縣自然環境豐富多彩，
有多種豐富生物棲息於各處。
還有不少全世界只有這裡才有的珍貴生物，
如西表山貓、沖繩秧雞等。
沖繩之旅充滿與自然相遇的喜悅。

筆筒樹

琉球狐蝠

大白斑蝶

朱槿

紅樹林

泥海螺

青蟹

沖繩秧雞

綠蠵龜

鐮魚

鱘魚

珊瑚

花園鰻

紅滑皮海星

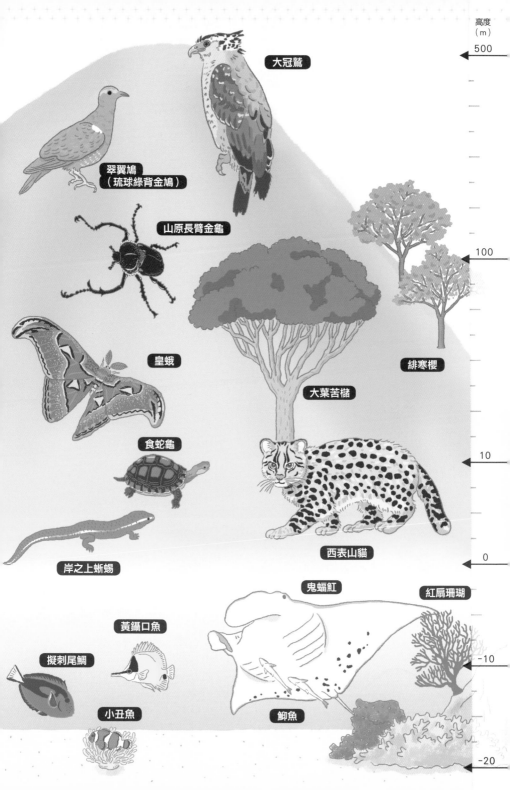

高度
(m)
500

大冠鷲

翠翼鳩
（琉球綠背金鳩）

山原長臂金龜

100

皇蛾

緋寒櫻

大葉苦櫧

食蛇龜

西表山貓

10

岸之上蜥蜴

0

鬼蝠魟

紅扇珊瑚

黃鑭口魚

擬刺尾鯛

小丑魚

鮣魚

-10

-20

約 **2300**萬～1600萬年前 ｜ 中新世紀前期

位於陸地邊緣的琉球列島，海水侵入先島地區，堆積成八重山層。在渡名喜島地區的地底下有岩漿流動，造成久米島附近的火山爆發。大東島成為環礁。

琉球列島

八重山層的海

火山爆發

約 **1600**萬～600萬年前 ｜ 中新世中～後期

久米島地區有火山活動。在中琉球有石川赤蛙、南琉球有嵌齒象的蹤影。沖繩島附近開始形成「島尻海」。大東島隆起。

嵌齒象

石川赤蛙

島尻海

約 **1**萬年前～現在 ｜ 全新世

末次冰盛期（約2萬年前）一結束，海平面慢慢上升，陸地區域變窄。現在的珊瑚礁大約於9500年前開始形成。

琉 球 列 島 的

約 **2**萬年前 ｜ 更新世後期

在末次冰盛期海平面約下降120m，島嶼區域擴大。山下町第一洞穴人與港川人沿著島嶼來到琉球列島。

約 **20**萬～12萬年前 ｜ 更新世中期後半

因海平面變動，珊瑚海擴張時形成讀谷石灰岩，冰河時期陸地區域擴張時，錳結核在紅土中形成。

參考文獻／《地層與化石訴說的琉球列島三億年史》神谷厚昭著　Borderink出版社（Border新書）

形 成

成為陸地的一部分、又分開，琉球列島一邊重複這樣的過程一邊成為目前的狀態。來觀賞遠至數千萬年前的島群發展歷史劇吧！

約530萬～300萬年前 上新世前期

東海濕地化，久米島附近有大河入海口形成。喜久里澤蛇、波布蛇及琉球鹿等多種動物往中、南琉球移動。野口啄木鳥、香魚等自北邊遷徙過來。

河流
動物遷徙

約300萬～200萬年前 上新世後期～更新世前期

沖繩海槽擴展、下沉。久米島附近的火山活動旺盛。島尻海擴張到最大，琉球列島自陸地分離。吐噶喇海峽形成，中琉球的動物開始各自進化。

島尻海擴張
吐噶喇海峽

約200萬～90萬年前 更新世前期

南琉球和陸地連接，中琉球分裂成2塊。島尻海大幅度陸化。大東諸島開始成為陸地。本部本島・沖繩島南部、伊良部島附近海水入侵，開始形成「琉球珊瑚海」。

大東諸島
慶良間通道

約90萬～50萬年前 更新世前期後半～中期前半

由琉球石灰岩堆積而成的「琉球珊瑚海」擴大。琉球珊瑚海從吐噶喇列島附近沿著琉球列島擴展至波照間島，範圍遼闊。

沖繩海槽
琉球珊瑚海

約45萬～25萬年前 更新世中期

陸地範圍再度擴張。慶良間通道下沉為深海。先島波布蛇來到南琉球，與那國窪地形成。

與那國窪地
慶良間通道

放大鏡下的日本城市慢旅

沖繩

圖鑑

Contents

封面照片：首里城正殿、竹富島的風獅爺、
宮古島的與那霸灣、西表島的牛車

第 **1** 章

從山原的山上到下地島的海底洞穴……
自高處往低處依序徹底解析亞熱帶島嶼的環境。

沖繩

自然環境

亞熱帶闊葉林的景觀美

從與那霸岳擴展出來的
山原之森

沖繩本島北部才有的植被

沖繩本島南北地質不同，北部是名為「國頭Merge」的酸性紅土土壤，南部則是琉球石灰岩的弱鹼性土壤。山原之森主要由喜愛酸性土壤的錐栗屬與青剛櫟屬所組成。

沖　繩本島的最高峰，海拔503m的與
　　　那霸岳，位於被稱作山原的北部地
區。為指定的國家公園，擁有亞熱帶地區
豐富的自然景觀，以與那霸岳為中心群山
環繞。從高處眺望，就能看到無限延伸如
一朵朵綠花椰菜般的茂密森林。

　　茂密叢聚的原因是此處多為錐栗屬和青
剛櫟屬的常綠闊葉樹。在樹木叢生的森林
中，為了讓每片葉子能盡量曬到更多陽

光，只有樹幹上方伸展枝椏長出綠葉，便
成為渾圓隆起的樹木形狀。

與那霸岳

503m

500

山原之森中最常見的樹
木（日本稱sudazii，琉
球稱idazii）。是山毛欅
科錐栗屬的常綠闊葉
樹。只長於酸性土壤
中，在沖繩本島僅嘉手
納以北才看得到。

400

一到3月下旬～4月上旬，樹木就會
長出新芽，森林呈現新綠光澤。

300

200

100

0

-100

多種生態系交織綠意而成的「山原國家公園」

氣候溫暖且降雨量高，山原之森長成日本最大的亞熱帶闊葉林。在南北約32km、東西約12km，佔日本總面積僅0.1%，棲息著以沖繩秧雞和野口啄木鳥為首的多種特有動植物與稀有動植物。當中約1萬6300公頃（ha）的陸地和海域在2016年被指定為「山原國家公園」。

山原國家公園區域
指定為國家公園的範圍為橫跨沖繩本島北部的國頭村、東村、大宜味村3村，約1萬6300公頃的陸地和海域。

大石林山
陡峭的岩石和巨岩形成雄偉的喀斯特地形。有完善的步行路線。

邊戶岬
位於沖繩本島最北端。天氣晴朗時可以看到鹿兒島縣的與論島。

茅打斷崖
從約80m的斷崖眺望海洋與山脈。可以看到緊鄰海洋的廣闊森林。

與那霸岳
沖繩本島最高峰。從登山步道入口到山頂約需30分鐘。因為山頂被樹木包圍，無法眺望遠處風景。

西銘岳
邊野喜水庫

國頭村

伊部岳

比地大瀑布
落差約26m，是沖繩本島最大的瀑布。從國頭村的比地大瀑布露營區到瀑布約1.5km。步道沿著溪流而建。前往瀑布必須繳露營區的入場費（成人500日圓）。

大宜味村

東村

慶佐次灣的紅樹林
是沖繩本島最大片的紅樹林。

說不定會遇到沖繩秧雞！

高度（m）
600

沒有名為「山原」的地名

山原，是多山的沖繩本島北部名稱。據說以前是指恩納村（國頭郡）以北的地區，不過最近通常是指國頭村、大宜味村和東村3村。

森林中常見的植物

在潮濕的山原森林中，經常可以看到附生植物和苔蘚類。

與那霸岳
503m
500

西南木荷
在5～6月間開出白色花朵，告知山原初夏的到來。屬於山茶花科，花朵略帶香甜氣息。

400

筆筒樹
高度可以長到10m以上，是最具亞熱帶景觀的蕨類木生植物。樹葉脫落後主幹會有神奇的橢圓痕跡。

300

200

由後往前是大葉苦櫧、青剛櫟、2顆日本石柯及沖繩裏白樫。

尋找橡果子！

擁有大片錐栗屬樹林的山原，也有豐富的橡果子。是森林中的生物們冬季主要食物。一邊散步一邊看看吧！

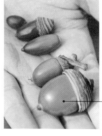

沖繩裏白樫是日本最大的橡果子。

100

0

長臂蝦瀑潭
在蓊鬱森林中擁有美麗瀑布和水池的地方。這一帶的琉球馬醉木等植物群也被指定為國家天然紀念物。溪水暴漲時務必要小心。

-100

和導覽員一起在山原之森漫步！

位於國頭村的「山原學習之森」，有和導覽員一起漫步森林的團體活動。一邊認識琉球龍蜥等生物、野口啄木鳥和沖繩秧雞的叫聲等，一邊在充滿負離子的森林中散步，相當舒服。諮詢後可以選擇適合體力或感興趣的行程，輕鬆無負擔。

Check!

山原之森的觀景處

若要眺望山原渾圓叢聚的森林景色，建議到邊野喜水庫外圍道路的橋上或西銘岳山頂！

Data
國頭村
環境教育中心
山原學習之森
☎0980-41-7979（預約諮詢9～20點）地址：國頭村安波1301-7 交通：下許田交流道車程約1小時30分鐘 費用：成人3000日圓～（約2小時，須於2天前預約）開放時間、公休日：須查詢

MEMO 沖繩本島的最高峰是海拔503m的與那霸岳，但沖繩縣的最高峰卻是石垣島的於茂登岳，海拔526m。

日本最早到來的春天！

八重岳的櫻花林道

在 日本列島寒流來襲的1月中旬，沖
繩的櫻花已經開始綻放。深粉紅色
品種的琉球緋寒櫻，襯著藍天熱情盛開。
賞櫻景點多位於沖繩本島北部的本部半

島，其中海拔453m的八重岳，被4000
株左右的櫻花樹染上色彩，是吸引大批賞
花客的熱鬧景點。來看日本最早綻放的櫻
花，感受春天的降臨吧！

八重岳櫻花林道的形成

在美國統治下的戰後，八重岳曾是美軍駐守的基地。昭和38年（1963）歸還部分八重岳時，本
部町長渡久地政仁先生開始沿著道路種植櫻花樹，之後，鎮上的人們致力栽種，形成現在的櫻花
林道。因為種植了數種不同的緋寒櫻，可以一邊欣賞不一樣的花形及顏色一邊散步。

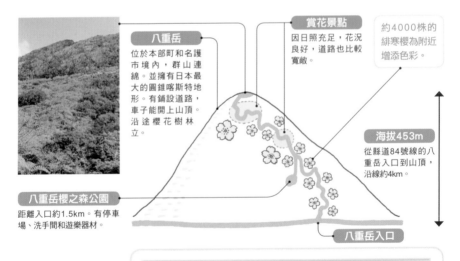

八重岳
位於本部町和名護
市境內，群山連
綿。並擁有日本最
大的圓錐喀斯特地
形。有鋪設道路，
車子能開上山頂。
沿途櫻花樹林
立。

賞花景點
因日照充足，花況
良好，道路也比較
寬敞。

約4000株的
緋寒櫻為附近
增添色彩。

海拔453m
從縣道84號線的八
重岳入口到山頂，
沿線約4km。

八重岳櫻之森公園
距離入口約1.5km。有停車
場、洗手間和遊樂器材。

八重岳入口

(Data)
八重岳櫻之森公園
☎0980-47-2700（本部町鎮
公所商工觀光課） **地址**：本部
町並里921 **交通**：下許田交流
道車程約40分鐘 **費用**：免費
參觀

沖繩的櫻花前線，自北南下

櫻樹開花需要冷暖溫差。在開花所需冷度不足的沖繩，先從
氣溫低的沖繩本島北部開始綻放，往那霸、離島南下，直到
2月底都可以欣賞到櫻花。

600

500

八重岳
453m

400

300

200

100

被筆筒樹等亞熱帶樹木覆蓋的八重岳，會在1月中旬～染上櫻粉色。

0

琉球緋寒櫻

在沖繩看到的櫻花代表性品種。薔薇科櫻屬。又稱台灣櫻。和彼岸櫻的種類不同。深粉紅色的吊鐘花形，開放時總是俯首向下，惹人憐愛。凋謝時是整朵花啪搭地落下來。

-100

在各地舉辦的櫻花祭

以獲日本櫻花協會選為100大櫻花名所的名護城公園為首，本部半島的八重岳、今歸仁城跡等，沖繩各地會在1月下旬～2月間舉辦櫻花祭。

本部八重岳櫻花祭

會場●八重岳櫻之森公園
日本最早的櫻花祭。在滿是椰子樹和筆筒樹的山上，襯托出櫻花的粉紅美。
☎0980-47-2700（執行委員會）

名護櫻花祭

會場●名護城公園及其他
被鮮豔粉紅色包圍的2km步道是賞花名徑。
☎0980-53-7755
（名護市觀光協會）

今歸仁城櫻花祭

會場●今歸仁城跡
以世界遺產・今歸仁城跡的城牆為背景，打上燈光欣賞夜櫻。
☎0980-56-2256（執行委員會）

✐MEMO 在沖繩，很少看到在櫻花樹下打開野餐墊用餐的賞花模式，主要是邊開車兜風或走路的散步方式。

感受琉球石灰岩台地的風景名勝

萬座毛

大家知道沖繩各島的台地大多是琉球石灰岩所形成的吧！琉球石灰岩是生長在沖繩周邊海域的珊瑚、有孔蟲或貝殼等，形成珊瑚礁的生物遺骸沉積，經過數萬～數十萬年的侵蝕、溶解凝固而成。

其因地殼變動從海底隆起，形成台地。是沖繩或奄美等南方地區特有的地層。沖繩本島西海岸的萬座毛，是能欣賞到琉球石灰岩隆起、景觀生動的地點。也很推薦能遠望太陽沉入大海的傍晚時分。

號稱可坐萬人的廣場。附近是被指定為沖繩縣天然紀念物的「萬座毛石灰岩植物群落」。

被侵蝕得如象鼻般的琉球石灰岩。可經由步道前往能遠望到這個地方的場所。

20m

(Data)⋯⋯⋯⋯⋯
萬座毛
☎098-966-1280
（恩納村公所商工觀光課）地址：恩納村恩納 交通：自那霸機場車程約1小時 費用：免費參觀

能在沖繩本島看到的琉球石灰岩

南部海岸線

從系滿市的和平祈念公園海邊眺望的琉球石灰岩海岸線。南部的琉球石灰岩約是1萬年前的產物。

北部的邊戶岬

位於沖繩本島最北端，邊戶岬附近寬闊的古石灰岩質台地。

3～4億年前的「古石灰岩」地層

在以赤土土壤為主的沖繩本島北部，有石灰岩土壤的地區，就是本部半島和邊戶岬。這地區曾緊連沖繩本島部分，是比沖繩本島南部的琉球石灰岩更加古老的「古石灰岩」地質。從本部半島的今歸仁城跡挖掘出3～4億年前的鸚鵡螺化石等也是源自於此。

易受侵蝕的琉球石灰岩

琉球石灰岩質地柔軟，容易受雨水或海水侵蝕及風化。剛切除的斷面白色閃耀，經過一段時間後會變成灰色。

萬座毛
20m

0

海蝕岩

因海水侵蝕而形成凹洞的琉球石灰岩塊。以新原海灘為首，常見於沖繩本島的南部海岸等地。

近看琉球石灰岩的話，有坑坑巴巴的孔洞。

-100

琉 球 石 灰 岩 才 能 做 出 的 曲 線 石 牆

琉球石灰岩是沖繩境內的重要石材。也用於城堡石牆上。在日本本土的城堡遺跡中不會出現的曲線石牆，在沖繩的城堡遺跡上卻很常見，原因之一是使用容易磨蝕的琉球石灰岩來製作。

今歸仁城跡的石牆。　19

孕育豐富生態系統的食物鏈舞台

慶佐次灣的紅樹林

山原擁有珍貴的紅樹林。紅樹林是生長在熱帶或亞熱帶地區，海水和淡水混雜的河口交界區之植物總稱。在沖繩常見於西表島及石垣島，本島則可在東村的慶佐次川及金武町的億首川等看到。紅樹林擁有能排出多餘鹽分的組織，漲潮時樹根就算浸在海水中也能成長，得以孕育出周圍的豐富生態體系。

紅茄苳的特色是如章魚腳般的樹根

高度（m）
600

紅樹林的功用

富含紅土、泥土及養分的水從陸地直接流入海洋，就會產生大量的浮游生物、造成海水透明度降低等影響，使珊瑚無法照射到生長所需的陽光，而紅樹林就是陸地與海水間的過濾器。此外，也有避免強浪侵襲海岸的功用。

500

紅土

400

滿潮時的水位

退潮時的水位

海洋

珊瑚

大葉藻（海草）
退潮時成為螃蟹們的樂園。

沼澤地
退潮時成為螃蟹們的樂園。

落葉
被微生物分解成浮游生物的食物。

小魚
躲在紅樹林間，覓食成長。

陸地
流入紅土或土沙。

紅樹林
防止海岸被侵襲。

300

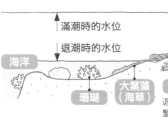

退潮後的沼澤上出現的生物

吃紅樹林的樹葉或種子為生的泥海蜷或螃蟹，牠們的排泄物成為浮游生物的食物。浮游生物一增加，小魚和螃蟹也跟著增加，就會有大魚和鳥類來捕食。紅樹林就像是食物鏈的舞台。

200

100

慶佐次灣
0m

短指和尚蟹
棲息於河口泥沙地的螃蟹。成群移動。

青蟹
棲息在紅樹林的大型梭子蟹品種。吃起來相當美味！

清白招潮蟹（俗稱白扇招潮蟹）
螃蟹的一種，從揮舞單隻大螯的姿態，被命名為白扇。

泥海蜷
可長到10cm長的貝類，吃紅樹林的樹葉為生。

-100

留在沖繩本島上的珍貴紅樹林

慶佐次川的河口區有一片占地10公頃的紅樹林。可以看到木欖、水筆仔及紅茄苳這3項樹種，被指定為國家天然紀念物。

Data
慶佐次灣的紅樹林
☎0980-51-2433（東村觀光推進協會）
地址：東村慶佐次
交通：自那霸機場車程約2小時
費用：免費參觀
※慶佐次灣周邊建有「紅樹林生態公園」，可以從步道或瞭望台看到紅樹林。

乘著獨木舟近距離觀賞紅樹林吧！

在慶佐次灣可以划獨木舟。坐在獨木舟上視線更貼近水面，能近距離地仔細觀察紅樹林。

島上至今仍留有火山活動的痕跡

疊石

在沖繩島嶼上，從地質調查得知自1900萬年前起，就發生過數次火山活動。海底火山的噴發物形成的獨特景觀，就算歷時久遠也相當值得一看。

距沖繩本島西邊約100km的久米島，其觀光景點之一，就是和久米島以橋梁連接的奧武島疊石。如龜殼般的六角形石頭連綿成神奇的海岸，其實這也是火山活動的痕跡。

漲潮時沉入海中的疊石。

右上標尺：

高度（m）
600
500
400
300
200
100
0
-100

訴說火山島歷史的粟國島

位於久米島東北的粟國島，島上也可以看到約270萬年前的火山活動造成的豐富景觀。當中白色閃耀的海岬「筆崎」氣勢雄偉，彷彿是被垂直剖開的87m懸崖峭壁。

筆崎附近
由火山灰沉降堆積的白色凝灰岩所形成。

粟國斷層
以此斷層為界的景觀迥然不同。

粟國島

粟國港

涵蓋東海岸的大部分島嶼
琉球石灰岩台地。

西海岸一帶
佈滿被高溫熔岩燒成紅磚色岩石的Yahija海岸。以粟國斷層為界，和筆崎附近的景色迥然不同。

有活火山的硫磺鳥島

在位於沖繩縣最北端的硫磺鳥島上，有活火山—硫磺岳和城岳。自數萬年前起，就持續還有火山活動，明治36年（1903）也曾大噴發。昭和34年（1959）島民到久米島避難後，成為無人島，但目前依舊繼續噴出含有硫磺的噴煙。

約在600萬年前形成的疊石

直徑1～2m的巨石排列而成的疊石。以前噴發的安山岩質熔岩冷卻凝固時，因體積縮小造成裂痕模樣，稱作柱狀節理，地面下有成束的柱狀結構。規模這麼大且岩面平整的柱狀節理，相當罕見。

疊石的構造

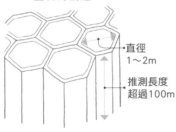

・直徑 1～2m
・推測長度 超過100m

霧島火山帶

從九州的阿蘇火山及霧島、櫻島等到南西諸島連結成火山帶。

九州

疊石 0m

硫磺鳥島

奄美本島

沖繩本島

Data
疊石
☎098-896-7010（久米島鎮觀光協會）
地址：久米島町奧武　交通：自久米島機場車程約30分鐘　費用：免費參觀

MEMO　在約270萬年前的火山活動中，因火山爆發浮石被帶到、漂流到遙遠的沖繩本島附近。目前仍可在沖繩本島的海岸發現浮石。

襯托碧海的白沙！

與那霸前濱

閃耀著熱帶藍色光芒的大海也是沖繩的象徵之一。因為海底的白沙才能呈現出這種柔和的藍色色澤。日本本土的沙灘主要是河川帶來的土沙堆積而成，相較於此，沖繩的沙灘則是被海浪打碎的珊瑚或海底生物遺骸等所組成。經由陽光照耀在這片白沙上，海洋閃耀著特有的藍色光輝。堆滿白沙的海灘，就是其周圍擁有豐富珊瑚礁的證明，一旦珊瑚礁滅絕，就無法產生新的白沙。

宮古島的與那霸前濱
在沖繩的海灘中，細緻乾爽的白沙灘連綿7km長。

不同海灘的各式細沙

大大小小160多座島嶼分布其間，沖繩擁有各種不同的海岸線及海中環境。仔細一看，顆粒大小與顏色變化多端，就算同是宮古諸島的海灘，也有著許些許差異！

與那霸前濱
明顯偏白的細緻海沙。

吉野海岸
沙粒略大近似膚色。

渡口之濱
像麵粉般的柔軟細沙。

海沙顏色為什麼不一樣？

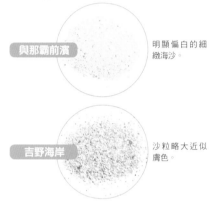

附近枝狀珊瑚多的海灘細沙呈白色，有孔蟲骨骸多的則偏膚色，根據環境條件不同，海沙的狀態也會有所差異。在西表島的星沙海岸等細沙近似膚色。

星沙海岸的星沙！

Data
與那霸前濱
☎0980-73-1881（宮古島觀光協會）**地址**：宮古島市下地字與那霸 **交通**：自宮古機場車程約30分鐘 **費用**：免費參觀

吸引多種生物的珊瑚礁海

吉野海岸

據說在沖繩海底棲息著超過360種的珊瑚礁。比世界最大的珊瑚礁生態系澳洲大堡礁的數字還多,是沖繩提供豐富環境給各種珊瑚生活的證明。海岸附近的近海有廣闊的珊瑚礁,以及可以看到各種魚類的海灘,相當適合浮潛。在宮古島的吉野海岸漫遊,享受充滿海洋風情的世界吧!

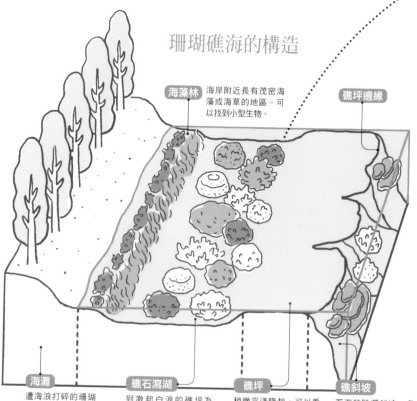

珊瑚礁海的構造

海藻林 海岸附近長有茂密海藻或海草的地區。可以找到小型生物。

礁坪邊緣

海灘 遭海浪打碎的珊瑚碎片或貝殼被沖上岸,堆積成連接陸地的白沙灘。

礁石潟湖 到激起白浪的礁坪為止,珊瑚礁旺盛、波浪和緩的淺水區。在沖繩稱作「Inoo」,可以捕撈魚貝類,是維持沖繩人們生活的「海田」。

礁坪 稍微平淺隆起,可以看到海浪破碎的白線,也稱作「Reef」。具有阻隔潟湖和礁斜坡的防坡堤作用,同時也是和外海的邊界。

礁斜坡 面海的陡深斜坡。桌形軸孔珊瑚和枝狀珊瑚遍覆斜坡上,海水暢通、生物眾多,適合進階級的浮潛。

高度（m）
600

500

400

300

200

100

這裡是礁坪

這部分是礁石潟湖

吉野海岸

緊鄰沙灘處有各種大小珊瑚，周圍有蝴蝶魚和尾斑光鰓魚優游其間。因為水深0.5～2m為能踩到底的淺灘，就算新手也能輕鬆浮潛。

Data
吉野海岸
☎0980-73-1881（宮古島觀光協會）
地址：宮古島市城邊新城　交通：自宮古機場車程約40分鐘　費用：免費參觀

從上往下俯瞰珊瑚礁一目了然！

珊瑚觸手

生物會聚集在珊瑚周圍。從上往下俯瞰海面，顏色偏黑的部分是珊瑚觸手，是浮潛熱點。

日本最南端有人居住的島嶼為波照間島的西濱。

Check!

也推薦新城海岸

距離吉野海岸約10分鐘車程的宮古島新城海岸也是擁有廣闊淺灘的平淺海洋。在沙地海底有1～2m寬的微孔珊瑚群和細柱微孔珊瑚群，色澤豔麗的尾斑光鰓魚和隆頭魚群聚於此，遇見小丑魚的機會也非常高。

吉野海岸
0m

漲 潮 、 退 潮 大 不 同 的 海 洋

海水一天重複2次，以12個小時為一循環的退潮和漲潮。退潮時風平浪靜的潟湖，在漲潮時水位上升，波浪越過礁坪來到岸邊附近，因此潮流也會變強，要特別留意漲退潮的時間。雖然退潮時可以享受到尋找潮池生物的樂趣，但有些地方太淺反而不適合游泳。

規模爲北半球最大＆最古老

白保的藍珊瑚群體

沖繩本島往南400km。在石垣島的白保海域，有傲視全世界的藍珊瑚群體。外表雖是褐色，骨骼中卻是鮮豔的藍色，因此才名爲藍珊瑚。生長在自海底起2～3m左右水面的藍珊瑚如小山般綿延，尾斑光鰓魚和蝴蝶魚等魚類優游其間的景色相當壯麗。實際看過後，會對人類居住的村落附近居然有這麼豐富的海中生態而感到非常驚奇！

北半球最大且最古老的藍珊瑚群體

白保海域擁有棲息了300種以上魚類，種類超過120種的珊瑚、大型微孔珊瑚等生態豐富的珊瑚礁。經由國際自然保護聯盟的調查，確定是北半球最大且最古老的藍珊瑚群體。

為什麼藍珊瑚容易形成群體？

珊瑚的繁殖方法有好幾種，藍珊瑚是雌雄異體的孵育幼生型。在珊瑚父母的體內或上方孵育幼生珊瑚後再釋放到水中。加上幼生珊瑚不擅長游泳，馬上就會附著於海底，因此藍珊瑚多在聚集場所附近著床，容易形成大型群體。

退潮時在水面微現身影的藍珊瑚

浮潛時，要小心不要被珊瑚割傷。

與人類生活關係密切的海洋

對白保村落的人們而言，這片物饒豐富的海洋是「寶物之海」，和生活緊密結合。右邊照片是自古漁夫捕魚時，出海的白保碼頭。

擁有珊瑚群體的景點

在2根標竿附近有珊瑚群體。

新石垣機場

白保村落

390

市區

WWF珊瑚礁保護研究中心
白保珊瑚村

第2標竿

第1標竿

高度（m）
600
500
400
300
200
100
0
－3m
白保
－100

能在第2標竿附近看到的珊瑚

板葉雀屏珊瑚

叢生棘杯珊瑚

軸孔珊瑚

表孔珊瑚

能在第1標竿附近看到的珊瑚

骨骼中是鮮豔的藍色！

在第1和第2標竿都看得到！

藍珊瑚

細柱微孔珊瑚

Check!

珊瑚的天敵！

孕育豐富海域的珊瑚，天敵是海水溫度上升、棘冠海星的增生、紅土流入海中及填海造地等。白保在地形上很少受到棘冠海星的入侵，是珊瑚群體茂盛的主因之一。珊瑚一旦滅絕，連以珊瑚為家的魚類或生物也都會消失吧！

Data

白保海岸

☎0980-82-1535（石垣市公所企劃部觀光文化課）地址：石垣市白保　交通：自石垣機場搭東公車約10分鐘，在白保小學前下車徒步約10分鐘　※白保的藍珊瑚位於自海邊搭船約5分鐘的海上，因此可以乘坐當地業者的船出海觀賞。

海中的寬廣神祕世界

下地島的通池

地形變化豐富，居世界之冠的沖繩海洋。不但有小魚嬉戲珊瑚間的平穩海域，還有石灰岩地形造成的神祕世界。在宮古諸島周邊有好幾個地形神祕的海中洞窟，為相當受歡迎的潛水勝地。

水面受漲退潮影響而上下移動。

構造神奇的通池

從上往下看是2口盛滿深藍色水的靜態池，但經由地下洞窟隧道的連接，居然和海洋連成一氣。以前曾是琉球石灰岩的洞窟天井部分經過長時間的侵蝕而崩塌，形成如此獨特的景觀。

因為地形稀有及周圍分布著珍貴植物，通池被指定為國家名勝與天然紀念物。附近建有伊良部縣立自然公園，可以從步道或瞭望台遠眺池子。

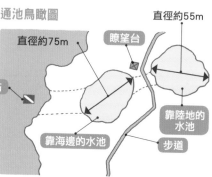

通池鳥瞰圖

直徑約55m

直徑約75m

瞭望台

從海面過來的進入點

靠陸地的水池

靠海邊的水池

步道

(Data) ⋯⋯⋯⋯⋯⋯⋯⋯⋯⋯⋯⋯⋯⋯⋯⋯⋯⋯⋯⋯⋯

通池

☎0980-73-1881（宮古島觀光協會）**地址**：宮古島市伊良部 **交通**：自佐良濱漁港車程約20分鐘 **費用**：免費參觀
※要前往通池，可以從宮古島過橋到伊良部島，再到下地島。

因光線而改變的水色

和下地島西邊海洋連接的通池，因「海水的深層部分」與「淡水的上層部分」，有不同的鹽分濃度和水溫。因此形成名為溫躍層（Thermocline）和化變層（Chemocline）的層面，當光線照入時水的顏色就會分層改變，形成神祕世界。

可以看到裸鰭、珍鰺和蝴蝶魚等。

水中的透明度相當高，也是通池增添神祕魅力的主因之一。接收光線洞窟地形浮現水面，水中色澤因角度不同產生各種變化。

Check!

還有其他海中洞窟！

潛水新手也能樂在其中，以通池縮小版伊良部島海面的迷你通池為首，宮古島、伊良部島周邊也有好幾個海中洞窟，總是非常多慕名而來的潛水者。

伊良部島海面的「魔王宮殿」。擁有迷宮般神祕地形的海中洞窟。

宮古島東海岸海面（吉野附近）的「天使洞（Angel Cave）」。照入洞窟的光線相當美麗。

高度（m）
600
500
400
300
200
100
0
－25m
通池
－100

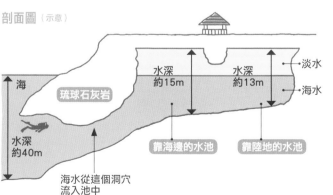

剖面圖（示意）

海

琉球石灰岩

水深約40m

海水從這個洞穴流入池中

水深約15m

水深約13m

淡水

海水

靠海邊的水池

靠陸地的水池

只有沙灘的美麗無人島

終端之濱

久米島

久米島

東奧武島

6～7km

礁坪

奧武島

終端之濱

Nakano濱

Menu濱

Data
終端之濱
☎098-896-7010
（久米島觀光協會）
細節須洽詢
※前往終端之濱要
從久留米島搭船約
20分鐘。可利用玻
璃船遊覽。

在沖繩也有只由細沙組成的小島。因海流的影響，珊瑚或貝殼的碎片堆積成灘，每天的形狀依潮水或海浪而改變，漲潮時也不會沉沒消失。位於久米島東邊約5km海上的「終端之濱」為其代表。由珊瑚或貝殼形成的白沙就算日照強烈也不太會變燙，因此成為海龜和小燕鷗的產卵場所。島周圍是絕佳的浮潛熱點。

南北有潟湖環繞的巨大沙洲

由Menu濱、Nakano濱及終端之濱3座無人島所組成，通稱「終端之濱」。在原是淺灘的地點，因海流的影響細砂堆積成沙丘。南北有礁坪（Reef）環繞，平靜無波的淺海潟湖面積寬敞，也是形成廣闊沙灘的原因之一。

這裡是礁坪

從東側上空眺望終端之濱。形狀會因颱風等有明顯改變。在琉球王國時代的古地圖上也有記載。

西表島海上的Barasu島

位於西表島上原港海面的Barasu島也是由珊瑚碎片形成的無人島。昔日周邊曾有大型枝狀珊瑚群體，因地形和海流的關係使得破碎的珊瑚聚集於此。珊瑚被湧上來的浪花沖刷發出喀拉喀拉的聲音形成背景音樂。

鳩間島

Barasu島周圍有廣闊的珊瑚礁，色彩豐富的魚類嬉戲其間。

Barasu島

上原港

西表島

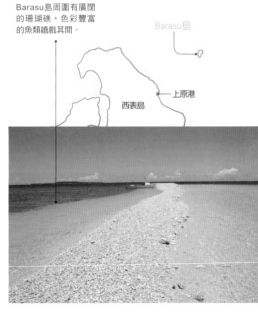

Check!

僅在退潮時現身的八重干海灘

宮古諸島的池間島北邊海上，有退潮時才會現身的巨大陸地。南北長達11km、東西長達7km，是日本國內最大的珊瑚礁群，名為「八重干海灘」。每年潮差最大的春季大潮時，可以近距離看到在廣闊海域上露臉的珊瑚礁。

MEMO　漂浮在小濱島和竹富島間的濱島只有在退潮時才能窺得其貌。因為是月牙狀的無人島，又稱「夢幻之島」。

33

石灰岩台地打造出的神祕鐘乳洞

玉泉洞

在琉球石灰岩分布廣闊的沖繩本島南部，有好幾處鐘乳洞。當中規模最大的，是能體驗到沖繩自然與文化的主題公園「沖繩world」中的玉泉洞。歷時30萬年形成的玉泉洞全長5000m。具有100萬根以上的鐘乳石，是日本國內最大的鐘乳洞。當中的890m整建完善對外開放，能飽覽石灰岩和水打造出的神祕世界。

在50年前才得以看清全貌

沖繩在美國統治下的昭和42年（1967），由愛媛大學學術探險部的調查隊進行最初的探險、調查，才得以看清玉泉洞的全貌。

依溫度、濕度、雜質含量等條件，鐘乳石的形狀或顏色會隨之改變。

鐘乳石的種類

鐘乳石依成形方式和形狀，分成好幾類。

鐘乳石 1 石筍

像竹筍般從地面往上伸展的鐘乳石。含有石灰質的水滴掉落在地上，慢慢地堆積長成鐘乳石。比冰柱石的成長還快。

Data

玉泉洞

☎098-949-7421（沖繩world）地址：南城市玉城字前川1336 交通：自那霸機場車程約30分鐘 費用：詳情請洽詢 開放時間：9點～18點（最後入館時間17點） 公休日：無

沖繩的鐘乳石成長快速

位於亞熱帶沖繩的鐘乳石成長快速。因為雨水豐沛，加上溫暖的氣候讓土壤中的微生物反應活躍，產生更多的二氧化碳。含有大量二氧化碳的弱酸性雨水，加速石灰岩的溶解。玉泉洞鐘乳石的成長速度約是3年1mm。

鐘乳石 ❷ 綠石

因為狀似田畦，又稱作畦石、千片岩。玉泉洞「青泉」是由外圈31m、高2.5m的巨大綠石所形成的泉池，此處有打光。

鐘乳石 ❸ 吸管

從天花板垂下，如吸管般中空，自前端滲出地下水的鐘乳石。在鐘乳洞內從吸管滴下來的水有可能會落在頭上。

鐘乳石 ❹ 冰柱石

地下水順著吸管外側開流時石灰質覆蓋在表面上層層變粗而成。自天花板往地面成長。

鐘乳洞的形成

step 1

雨水溶蝕石灰岩的縫隙或脆弱部分，流入地底。

石灰岩

流進地底的地下水

step 2

流進地底的雨水（地下水），一邊自高處流向低處一邊溶蝕石灰岩，拓寬地下水流經的空間。

形成地下水流

step 3

島嶼因地殼變動而隆起，地下水的水面就會變低。充滿地下水的空間因水面下陷而中空，地下水再流向更下層的石灰岩層。

形成空洞

step 4

在中空洞窟內，滲出含有碳酸鈣會溶解石灰岩的水滴，因接觸到空氣形成二氧化碳斥於空氣中，分解成水和碳酸鈣，結晶後成為鐘乳石。

自天花板落下的水滴形成鐘乳石。

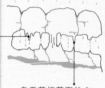

鐘乳石 ❺ 洞穴珍珠

在淺水窪中形成的鐘乳石。地下水的水滴每次落到水窪時引起的震動，讓水中的沙粒旋轉，一邊包覆上石灰質一邊長成圓球狀。

點綴珊瑚礁海的同伴們！

海洋生物圖鑑

沙地上有珊瑚、海草海藻林及岩場。在前方海域有潮流湍急的「珊瑚礁外圍」、陡然下降的「大陸坡」、處處寬敞的「沙地」⋯⋯沖繩海域的環境完善，多樣生物得以棲息於此，是世界級的珍貴海域。來自赤道附近的暖流「黑潮」，挾帶著熱帶生物而來，增添種類的多樣性。若是前來浮潛，潛水時就會看到多樣的生物呢！

在珊瑚礁淺海看到的生物

珊瑚礁淺海是齊聚沖繩海洋魅力的場所，浮潛就能看到多種魚類。

35 cm以上的魚

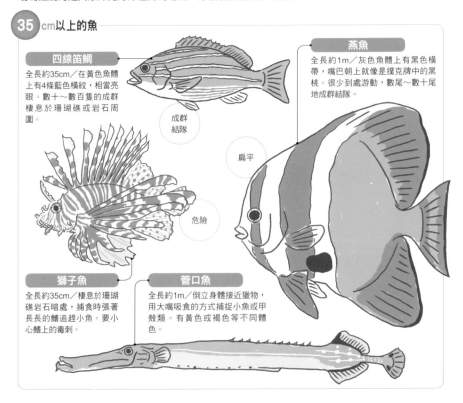

四線笛鯛
全長約35cm／在黃色魚體上有4條藍色橫紋，相當亮眼。數十～數百隻的成群棲息於珊瑚礁或岩石周圍。

成群結隊

燕魚
全長約1m／灰色魚體上有黑色橫帶，嘴巴朝上就像是撲克牌中的黑桃。很少到處游動，數尾～數十尾地成群結隊。

扁平

危險

獅子魚
全長約35cm／棲息於珊瑚礁岩石暗處，捕食時張著長長的鰭追趕小魚。要小心鰭上的毒刺。

管口魚
全長約1m／倒立身體接近獵物，用大嘴吸食的方式捕捉小魚或甲殼類。有黃色或褐色等不同體色。

看到的話
很幸運

花俏

花斑擬鱗魨

全長約30cm／體色黑底白點，嘴巴附近則是橘色。單獨或成對游泳，捕食時用強而有力的牙齒咬碎甲殼類或螃蟹等。

白斑鸚哥魚

全長約30cm／像鸚鵡般用嘴啃咬海藻。有藍、黃、茶褐色等多種體色。晚上會在黏液做成的透明泡囊中睡覺。

叉斑銼鱗魨

全長約30cm／藍色眼線配上黃色髭鬚!?是海底的前衛藝術家。可以在參雜珊瑚粒的沙地中發現。

常見

我是
「多莉」
喔！

黃衣錦魚

全長約25cm／雄魚呈名為山吹的特殊黃色、雌魚呈橘×藍×黃的美麗五彩色。一邊啪噠啪噠地搖曳著胸鰭一邊在珊瑚上方游泳。

鐮魚

全長約25cm／身上有黃×黑×白的條紋圖案。一邊飄舞著背鰭一邊游泳。晚上身體會變成黑色，在岩石或珊瑚縫隙間休息。

擬刺尾鯛

全長約25cm／寶藍色的身體上有黃色魚尾。輕快地優游於珊瑚上。幼魚在珊瑚間成群活動。

常見

成群
結隊

蝴蝶魚

全長約23cm／呈線狀延伸的黃色背鰭上沒有「刺」，請放心。感情很好成對地在珊瑚附近游泳。

單斑藍子魚

全長約20cm／有張嘴巴向前突出的長臉。頭部是白黑色、身體是黃色帶黑色斑點。成魚後會成對地游泳，以海底藻類為食。

銀斑蝶魚

全長約18cm／黃色和褐色身體上的「白色富士山」是註冊商標。在珊瑚礁外緣等處整群活動。

成群
結隊

我是
「尼莫」
喔！

成群
結隊

黃鑷口魚

全長約15cm／用又長又尖的吻部熟練地捕食藏在珊瑚縫隙間的甲殼類。鮮豔的黃色魚身在水中相當醒目。

厚唇擬花鱸

全長約12cm／雄魚在紅紫色的身體上，有鼻尖高挺的帥臉。看起來虛幻且美麗，數十～百隻以上地成群穿梭游泳。

小丑魚

全長約9cm／橘色身體上有白色寬帶。棲息在海葵間。也能在可站起身的淺海區域看到。

藍綠光鰓雀鯛

全長約8cm／是和名稱「暴牙」不相稱的美麗藍綠色※。時而會有超過100尾的大團體在枝狀珊瑚附近群聚活動。

※譯註：日文原名是暴牙雀鯛

37

鯨鯊

全長約13m／「沖繩美麗水族館」中的熟面孔，是環游於汪洋大海的世界最大魚類。在珊瑚礁的海面表層附近活動。

綠蠵龜

背甲長1.4m／潛水時會在海面相遇，但因喜食海藻有時也會在沙灘附近的淺海見到。

鬼蝠魟

全長約4m／是魟類中最大的魚，以和大體型不匹配的浮游生物為食。石垣島附近有經常看得到鬼蝠魟的「鬼蝠魟勝地」。

鮣魚

全長約80cm／利用頭部的「長條形」吸盤附著在鬼蝠魟或海龜等大型生物上生活。

裸鰆

全長約2m／數尾～數十尾成群洄游於潮流經過的岩礁附近，是珊瑚礁海常見的鰆魚品種。

刺魨

全長約30cm／查覺到危險時喝入大量海水以膨脹身體，立起全身的刺來防衛。

珍鰺

全長約1.6m／體重可達50kg的大型。是銀灰色身體上擁有銳利眼神的海中猛士，緊盯著小魚。

雷氏充金眼鯛魚群

全長約6cm／夜行性，白天以驚人的數量群居於洞窟入口或岩石窪地。打燈照射就會散發出金色光芒。

三齒鯊

全長約1.6m／白天靜靜地待在岩洞中，一到晚上就捕食睡著的小魚。個性老實。

鬍哥魚

全長約30cm／熟練地利用下顎長出的2根鬍鬚，尋找藏在沙中的小動物來吃，是日本緋鯉的同類。

哈氏異康吉鰻（花園鰻）

全長約40cm／自沙中探出身體，以流過來的浮游生物為食。警戒心強，一靠近就會潛入沙中。

潛水時看到的生物

生物幾乎是依種類來決定棲息環境。
進行水肺潛水的話，就有機會遇見更多種類的海洋夥伴。

琉球柱頷針魚
全長約70cm／在表層附近成群或單獨行動，以迅猛的速度襲擊小魚，是海洋獵人。

紅扇珊瑚
全長超過50cm／大紅色的扇形姿態在海中格外醒目。不是植物是珊瑚的品種。群生在潮流強烈的場所。

雙帶烏尾鮗（沖繩稱Gurukun）魚群
全長約30cm／沖繩縣的縣魚。在陸地上體色偏紅，海中則是閃耀著藍色光輝。在珊瑚礁中層成群迴游。

雪花鴨嘴燕魟
全長約2m／菱形身體上有細長的魚尾，背上有白色小斑點。在珊瑚礁外緣像滑翔般優雅地游泳。

日本龍蝦
全長約40cm／白天躲在珊瑚下或岩洞中，到了晚上才出沒。在沖繩可以看到長足龍蝦及雜色龍蝦等。

闊帶青斑海蛇
全長約1.5m／沖繩名稱為Irabuu。是珍貴的煙燻食材。多棲息於海底或中層區，為了呼吸經常會探出水面。雖然毒性強烈但個性溫和。

白斑烏賊
全長約70cm／是墨魚類中最大的品種。可自由改變身體的顏色和花紋。

海雞冠
全長10～50cm／也稱作軟珊瑚，是柔軟多肉的珊瑚。呈紅色或黃色，群生於潮流強勁的場所。

紅滑皮海星
全長約50cm／端坐於海底。體表呈紅色和淺棕色的斑點，腕長。有些海星身上會有小蝦同住。

海蛞蝓
全長0.5～30cm／是沒有殼的貝類，顏色、形狀及大小變化大。被當作活的海寶石相當受歡迎。

鯙魚
全長約80cm／藏在岩石或珊瑚縫隙中，以小魚或章魚等為食。在沖繩可以看到的品種中，以黑身管鼻鯙、大斑裸胸鯙最受歡迎。

沖繩是特有種的寶庫！

陸地生物圖鑑

地區限定！國家指定天然紀念物

範圍為叢林環繞的西表島、海上孤島的北大東島和南大東島及沖繩本島北部的山原。
沖繩這幾處為特有種的寶庫。

西表島限定

眼睛周圍有一圈白色條紋。

圓耳、後面有白色斑紋。

西表山貓

1965年發現，全世界僅生存於西表島上的山貓同類。在山地或村落周邊活動。以鳥類或爬蟲類、兩棲類等為主食。據推測目前約有100隻。

尾巴尖端粗。

軀幹長四隻短。

南大東島、北大東島限定

琉球狐蝠

僅生存於北大東島和南大東島的特有亞種。夜行性動物，白天成群地吊掛在林區高木上休息，一到晚上就會起來採食樹木的花朵或果實。

從脖子到胸前覆有美麗的金色體毛。

體長約20cm。雙翼打開可以到50cm。

北起沖繩本島南到八重山諸島，散布著許多島嶼的沖繩，是日本「生物多樣性」最豐富的地區。每座島有多種獨自進化的生物，也有其他地區看不到，為數眾多的固有種。目前生存數量減少，當中甚至有瀕臨絕種的品種，被指定為稀有物種受到保護。以下將介紹僅在沖繩遇得到，頗具個性的「陸地」生物。

沖繩本島北部（山原）限定

沖繩秧雞

不會飛的鳥，白天在林區或草地上到處走動以蝸牛類或蚯蚓為食。具有夜晚上樹休息的習性。

容易遇見的季節是4～8月。也可以在早上或傍晚時，仔細觀察牠們到路上覓食的模樣。

特色是鮮紅色的粗鳥喙。眼睛和腳也是紅色。

胸部和腹部的斑點圖樣很顯眼。

天敵是狐獴和野貓。

體長約30cm。

山原長臂金龜

1983年新發現的物種，是日本最大的甲蟲。如名稱所示雄金龜的細長前肢為其特色。就算是山原也僅棲息在森林深處，成蟲會在8月上旬～10月上旬出現。

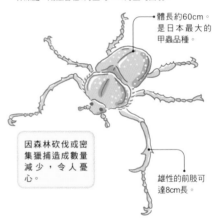

體長約60cm。是日本最大的甲蟲品種。

因森林砍伐或密集獵捕造成數量減少，令人憂心。

雄性的前肢可達8cm長。

雄鳥從頭頂到後腦部呈紅色。

如果在棲息地聽到啾啾的尖銳鳴聲或鳥喙敲樹幹的聲音，野口啄木鳥很可能就在附近。

體長約30cm。

在樹幹上縱向移動。

野口啄木鳥

棲息於與那霸岳一帶的森林，屬於大型啄木鳥。在大葉苦檻等樹木上鑿洞築巢。以朽木中的天牛幼蟲等為食。

沖繩齒鼠

背上有刺狀硬毛，特色是一蹦一蹦地邊跳邊移動。夜行性動物，白天會在樹根附近挖洞藏身，晚上出來活動。以掉落地面的果實或昆蟲為食。

體長約15cm。

背上有針般的尖銳硬毛。

齒鼠的同類相當稀少，就算全世界也只生存在沖繩本島北部、奄美大島及德之島。

體毛呈深棕色，只有四肢偏白。

多種國家指定的天然紀念物

從海岸到森林，有形形色色的動物們活動的舞台。
只要知道牠們的生態習性，就能增加遇見的機會！

目光銳利的森林王者

大冠鷲

生存於石垣島、西表島的猛禽類，特色是如冠般的頭部羽毛。經常會在早晨看到牠停在電線杆或電線上的身影。

生存在最南端的日本鹿

慶良間鹿

僅生存在慶良間諸島的野生鹿。和日本本土鹿相比，頭角都小，屬於小型鹿。琉球王國時代自鹿兒島移入。

性格沉穩

海

滿月的
夜晚大移動

陸寄居蟹

沖繩各地常見的大型陸生寄居蟹。6～9月的夏季滿月夜晚，為了產卵會從陸地移動到岸邊。

海岸

特色是腹甲上的韌帶

食蛇龜

住在石垣島和西表島森林的陸棲龜。被外敵攻擊時關閉腹甲韌帶，像箱子般將身體蓋上。經常可以看到牠穿越馬路的身影。

腹甲上有韌帶

42

黑林鴿

體長約40cm是日本最大的鴿子。棲息於沖繩諸島的山上，特色是偏黑的體色，嗚嗚地低聲鳴叫。

擁有亮麗羽毛的森林寶石

翠翼鳩（琉球綠背金鳩）

在日本僅生存於八重山諸島和宮古島。體長約25cm，是日本最小的鴿子。擁有金屬光澤的綠色美麗羽毛。

紅體黑斑的註冊商標

琉球歌鴝

生存在沖繩本島上。常見於溪流沿岸的森林。嘻秀囉秀囉秀囉地高聲婉轉啼鳴。

雌鳥沒有鬍子（從眉頭到胸前的黑色塊斑）。

森林中

住在森林的陸棲龜

琉球山龜

分布在沖繩島北部、渡嘉敷島及久米島，棲息在森林內的濕地。主要在陸地上活動，以果實、蚯蚓和蝸牛等為食。

日本最大的野鼠

琉球鼠

棲息於沖繩本島北部的森林。包含尾巴全長可達50～60cm。特色是背部混雜著長毛。

日本最大的蜥蜴

岸之上蜥蜴

生存在宮古諸島和八重山諸島。常看到牠在海岸附近的沙地或住家周圍日照充足的地方曬太陽。體長約40cm。

妝點南島的行道樹與花朵

植物圖鑑

沖繩行道樹BEST 5

葉片厚、果實呈圓扁狀。

小圓葉片密集。

葉片呈針狀、帶松果。

第1名 菲島福木

名稱有「福」字的吉祥樹，是沖繩民宅周圍常見的防風林。樹皮可做染料。

第2名 琉球黑檀

枝葉茂盛、樹蔭濃密。樹皮黑，木質細緻且堅固，因此也可用來做三線琴頸。

第3名 琉球松

沖繩縣的縣樹，高20～25m的大樹。自琉球王國時代起做為防風、防沙林來種植。

葉片大。白色的花成團盛開。

醒目的紅色葉片。

第4名 瓊崖海棠

做為防潮防風林多種植於海岸附近。樹皮觸感平滑，也常種植於公園內。

第5名 杜英

被當成吉祥樹，是頗受歡迎的行道樹。特色是綠色葉片中參雜著幾片紅葉。

沖繩的行道樹

第6名	欖仁樹
第7名	蚊母樹
第8名	榕樹
第9名	茄苳樹
第10名	鳳凰木

沖繩境內沒有外縣市常見的銀杏或櫸樹。

＊取材自國土技術政策綜合研究所「道路綠化樹木現況調查」的前10名喬木（2014年）。

來到沖繩，有很多人對路旁種植的樹木和花朵之差異性感到驚訝。為沖繩街道提供綠意和遮蔭的行道樹，或是增添豐富色彩的花木，與多颱的氣候風土、沖繩的歷史及文化息息相關。自琉球王國時代起做為防風林而受到重視的樹木，或是戰後被當成復興指標自海外引進於沖繩扎根的植物等，認識其背景後就會覺得更加親切吧！

記住常見花木的名字

散步或兜風途中經常看到的美麗花木是什麼？
以下將介紹妝點庭院或街道，代表沖繩的熱帶花木。

朱槿

在沖繩稱作「Aka-banaa」，以前是供在佛壇或墳前的花朵。花色和形狀富於變化。

軟枝黃蟬

盛開的黃色花朵，是夾竹桃的同類。多種植於日照良好的道路旁。

九重葛

沖繩常見的園藝植栽代表。從石牆垂下來的深粉紅色花朵勾起南國情懷。

刺桐

在葉片長出前的3～4月時綻放的大紅花朵（沖繩縣縣花）和藍天尤其相襯，讓觀賞者為之入迷。

中南美或美國原產的樹木

為了復興因戰火而失去的街道綠意，沖繩以回歸本土為契機引進外國樹種來進行街道綠化大作戰。國際色彩濃厚的行道樹就是該次行動的紀念品。

吸睛的粉紅色花朵。

花朵呈簇狀。

美人樹（日本稱酒瓶木棉）

原產地在巴西。長成後的樹幹肥大如酒瓶狀，為其日本名稱的由來。11月左右會開出深粉紅色的花朵。

鳳凰木

原產地在馬達加斯加。6～9月間緋紅花朵如火焰般盛開，屬於豆科喬木。大豆莢也很引人注目。

沖繩的妖怪住家「榕樹」

垂下無數氣根的特殊姿態。很早以前就被當成聖樹，傳說老樹上住著妖怪Kijimuna。

Check!

在夜晚綻放的妖豔花朵—玉蕊

西表島等河川沿岸的野生植物，6月底～8月自枝幹垂下長花穗。在夜晚開花黎明凋謝。在琉球王國時代是深受喜愛的夢幻花朵，種植於庭院中。現在則是頗受歡迎的公園樹。

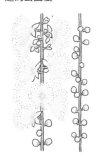

了解亞熱帶島嶼・沖繩的氣候

　　沖繩縣與小笠原諸島同是屬於亞熱帶海洋性氣候的島嶼。雖然在氣候方面低溫月份比熱帶區域多，但沒有寒冬的亞熱帶性氣候，指的就是處於熱帶和溫帶間的地區。順帶一題隔壁的台灣、香港及南非的約翰尼斯堡也都是屬於亞熱帶氣候。那麼，沖繩的亞熱帶性氣候有什麼特徵呢？

沖繩成為避暑地？

　　亞熱帶一般是指在緯度20～30度之間，月平均氣溫超過20度的月份有4～11個月以上的地區。琉球諸島位於北緯24～26度附近，歷年平均氣溫超過23度。沖繩完全符合這樣的條件，是整年氣候溫暖的島嶼。

　　其實，在每年夏季最高溫超過體溫以上的日本本土，會熱到翻白眼的反而是沖繩人。之所以會這樣是因為沖繩的最高氣溫沒那麼高，整日最高溫再高也不過32～33度，很少有超過35度的「酷熱天」。因近年來氣象異常或熱島效應，和全日最高溫將近40度的本土相比，沖繩真的是好過太多了。

　　這是因為陸地面積狹窄的沖繩被廣大的海洋包圍，海上整天都有海風不停地吹進來，因此躲在樹蔭下遮陽的話，就會覺得很涼爽。所以近年來沖繩才會被稱作「避暑地」，但是因為陽光強烈到會曬痛肌膚，整年都要勤於防曬。另外，雖然冬天很少低於15度，但冷風以致體感溫度會比想像中還低。

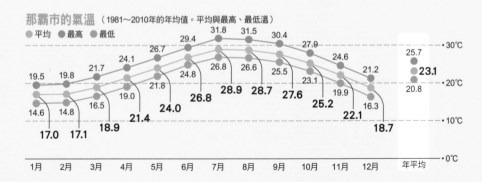

那霸市的氣溫（1981～2010年的年均值。平均與最高、最低溫）

● 平均　● 最高　● 最低

1月	2月	3月	4月	5月	6月	7月	8月	9月	10月	11月	12月	年平均
19.5	19.8	21.7	24.1	26.7	29.4	31.8	31.5	30.4	27.9	24.6	21.2	25.7
17.0	17.1	18.9	21.4	24.0	26.8	28.9	28.7	27.6	25.2	22.1	18.7	23.1
14.6	14.8	16.5	19.0	21.8	24.8	26.8	26.6	25.5	23.1	19.9	16.3	20.8

沖繩氣候的特色在於最高溫和最低溫差異不大。在日本本土會感受到早晚氣溫驟降的季節轉移，但沖繩整天的高低溫差沒有那麼明顯，因此也很難感受到四季的變化。

生活在這裡的人們切身感受到「長達半年的夏季」。也就是說一到4月下旬夏天天數就會增加，最晚在5月時進入梅雨季節，6月下旬出梅雨季。盛夏時節持續到10月左右。這段期間，整天開著冷氣，也是電費大傷荷包的時候。

颱風常襲地才有的智慧

說到沖繩的夏季代表作就是颱風。接近沖繩的颱風一年平均有7.6個。每年情況不同，有時僅侵襲宮古·八重山諸島，完全沒有進到沖繩本島，來與不來的情況因「島」而異。雖然這麼說，颱風就像歷年活動般，也累積了颱風銀座區才有的智慧。（譯注：銀座素以人多著名，此處用來比喻像人潮那麼多的颱風）

順帶一提最大瞬間風速排名首位的是1966年9月5日在宮古島曾觀測到的85.3m。將該風速換算成時速為307km。居然是能和東海道山陽新幹線「Nozomi」一較高下的速度。

因此，暴風防範成為首要對策。很明顯地，在沖繩都是鋼筋水泥蓋成的住家，這也是源於防颱措施，目的是防止建築物的損壞。窗戶玻璃也是比本土規格還厚的樣式，而且萬一「颱風接近！」時，人們會先將陽台的盆栽植物等搬進屋內，打掃排水溝，做好排水孔的漏水準備，不讓店面招牌飛走等盡速完成防範措施。

也不能忘記儲備糧食。在離島一旦運送物資的船班停駛，生鮮食品就會斷貨。這時罐頭或泡麵等加工食品就能派上用場，麵粉和水拌勻煎成的薄餅、或是用麵線簡單拌炒的沖繩風炒麵線，可說是「颱風餐的主力」。就算停電也能輕鬆料理，正是所謂的颱風例行餐點。

颱風發生數量與靠近沖繩縣的數量

■ 總發生數量　■ 靠近沖繩縣的數量

2006年	2007年	2008年	2009年	2010年	2011年	2012年	2013年	2014年	2015年
23	24	22	22	14	21	25	31	23	27
6	8	6	3	6	7	11	9	10	6

沖繩氣象台

不能漏掉的還有娛樂對策。一進入暴風圈學校就會停課，公車停駛的話企業就得停班讓員工留在家中。大型颱風一接近，為了不浪費天賜的假期，大家就會擠到電影院或錄影帶店，努力準備娛樂措施。

南島也下過「冰霰」！

沖繩發生龍捲風的機率也很高。根據氣象廳報導從1991年到2015年這25年間在沖繩發生過43次龍捲風。從都道府縣來看排名全日本第2。原因是容易形成積雨雲，但大部分都發生在海上，很少危害到陸地上。

另外，說到沖繩就容易聯想到藍天，但夏季多颱風，冬天也常是烏雲密佈。出乎意料之外的是全年晴天天數為全國最低。

2016年1月24號還發生了非常事件。在名護市和久米島上觀測到冰霰。雖然引起居民騷動，但其實在1977年久米島觀測站也有下冰霰的紀錄。

　　「綏雪初降松　　增添萬年青」

第二尚氏王朝第18代尚育王吟詠的詩歌。大意是「積雪的琉球松迎春而生的美麗變化」。從年代來看是1843年到1844年，史書上記載著某些年也有降雪。下雪也不是不可能的氣候現象吧！

沖繩是氣候特殊，可以看到和日本本土迥然不同，是氣候現象非常豐富的島嶼。

1	崎玉縣	64日
2	靜岡縣	51日
3	栃木縣	50日
4	宮崎縣	47日
5	東京都	46日
5	茨城縣	46日
7	佐賀縣	42日
8	群馬縣	40日
8	愛知縣	40日
10	岡山縣	39日
11	岐阜縣	37日
11	神奈川縣	37日
13	山梨縣	36日
14	三重縣	35日
15	高知縣	33日
16	廣島縣	30日
16	福岡縣	30日
16	鹿兒島縣	30日
19	北海道	26日
19	熊本縣	26日
19	長崎縣	26日
22	大分縣	24日
23	滋賀縣	23日
24	福井縣	22日
24	愛媛縣	22日
24	宮城縣	22日
27	長野縣	21日
28	和歌山縣	20日
29	奈良縣	19日
29	福島縣	19日
29	島根縣	19日
32	石川縣	18日
32	大阪府	18日
32	青森縣	18日
35	岩手縣	17日
35	富山縣	17日
37	香川縣	16日
37	秋田縣	16日
37	新潟縣	16日
37	德島縣	16日
41	山形縣	15日
41	兵庫縣	15日
41	京都府	15日
44	鳥取縣	14日
45	沖繩縣	7日

全國平均
28天

全年晴天天數排比
總務省統計局（2014年度）

晴天指的是一天平均雲量未滿1.5的日子。都道府縣政府所在地的數據。千葉縣和山口縣沒有紀錄。

第 **2** 章

傳承琉球王國時代孕育出的獨特文化，
應用於現代生活中的沖繩，更貼近且充滿趣味性。

沖繩風土文化

世界遺產

▼王國的政治、外交、文化中心

首里城

首里城位於俯瞰那霸的高台上，直到明治12年（1879）成為沖繩縣為止，在這450餘年間是琉球王國的中心。城堡擁有提供王國政治與外交使用的行政廳、國王及其成員的住處和王國的信仰祭祀空間這3種功能。城堡的確切創建年代已不可考，但1429年尚巴志統一琉球時，據說城堡已存在。之後，城堡進行數次整修，又經歷多次燒毀，雖然在琉球戰役中被摧毀，但於1992年重建，目前仍在進行挖掘與復原作業。

那霸港、首里王城

首里位於海拔約100m的高台上，最高處是弁嶽（Bengadake）約165m。首里城建於海拔100～130m處。首里一帶在地層基礎的泥岩上覆有琉球石灰岩，對面的那霸位於面海的低地，擁有港口的那霸曾是興盛的商業城，首里則是繁華的帝都。

沖繩本島中南部的地質

人工填土
埋土
海濱堆積物
沙丘層

那霸新港

那霸機場➡

首里城
建在俯瞰那霸城鎮和港口的高台上。

識名園

泥岩

琉球石灰岩

❶ 守禮門

源自中國皇帝「琉球是恪守禮儀的國家」之言，守禮門上懸掛著寫有「守禮之邦」的匾額。相當於日本城堡的大手門（正門）。

❷ 龍樋

在首里城內的眾多湧泉當中，據說龍樋之水的美味讓來自中國的冊封使感動不已。龍頭石像是1523年自中國傳入的物件。

雖 是 高 台 卻 水 源 豐 富

首里在水流無法通過的泥岩上，堆積著雨水能流經的多孔琉球石灰岩。在位於最高台地的首里城內，因為滲入琉球石灰岩的雨水於泥岩層間形成地下水並湧出，產生好幾處冒水點。照片中是寒水川樋川。

東之Azana（整修中）
白銀門（整修中）
繼世門
黃金御殿、寄滿、近習詰所
左掖門
正殿
淑順門
北殿
右掖門
廣福門
供屋
日影台
8
6
5
7
9
10
3
4
久慶門
瑞泉門
11
2
12
歡會門
木曳門
園比屋武御嶽石門
1
首里杜館

6 南殿・番所
7 奉神門

8 書院・鎖之間 庭園
書院是國王執行日常公務的地方。鎖之間是王子們的休息處。之前的琉球庭園是由琉球石灰岩、琉球松和琉球蘇鐵所組成。

9 京之內
只有祝女（女祭司）才能進入，禁止男性的祭祀空間。目前在草木扶疏之間復原了4處御嶽（祭拜地）。

10 下之御庭
11 系圖座・用物座
12 西之Azana
設於西側的瞭望台。正面可以將那霸市街、大海及慶良間諸島盡收眼底。就風水而言，守護著慶良間各島的氣流。

3 首里森御嶽
這裡是首里城的「肚臍」，據考察原本可能是祭拜地後來才成為御城。

4 漏刻門
有中文「水鐘」之意的「漏刻」。這座望樓中有水鐘，搭配日影台的太陽鐘可以知道時間。

Check!

御庭為什麼會歪斜 5
被正殿、南殿及北殿包圍的空間稱為御庭，用於舉辦各種儀禮，如迎接來自中國的使者進行冊封之儀式等。通過正中央的走道，對著正殿約歪斜17～18度。具考察可能是在某個時期因某種理由改變了南殿和奉神門的位置所導致。

✎ **MEMO** 在建築物並列於東西軸的首里城，應用了和當時關係密切的中國風水思想。也有宮內官吏公費前往中國學習風水。

51

- 龍頭棟飾
- 龍頭棟飾（陶製）
- 唐破風
- 大龍柱
- 小龍柱
- 御庭
- 向拜柱
- 石欄杆
- 基壇
- 獅子　在樓梯欄杆上有12座獅子。

中日融合的正殿

在首里城的中心正殿，可以明顯地看到和琉球關係深厚的中國及日本帶來的影響。在石頭堆砌的基壇上蓋建築物，於基壇上配置石欄杆的型式、屋頂設置龍的棟飾、梁柱上做裝飾等都是受到中國建築的影響；唐破風的部分則是取材自日本建築，融合這些孕育出琉球風格。

處處鑲嵌吉祥木雕的唐破風

唐破風是彎曲成S型的屋簷板，設於建築物正面，是日本建築的特色之一。首里城正殿在這裡貼上各式木雕。

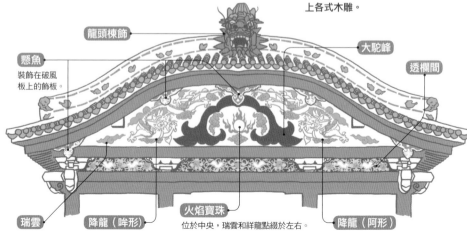

- 龍頭棟飾
- 大駝峰
- 懸魚　裝飾在破風板上的飾板。
- 透欄間
- 瑞雲
- 降龍（吽形）
- 火焰寶珠　位於中央，瑞雲和祥龍點綴於左右。
- 降龍（阿形）

王宮的政治和儀式空間

舉行政治儀式的1樓

正殿內部分成1樓和2樓，1樓是柱子多天花板低矮的怪異空間。中央是國王就坐的御差床。後面有國王專用的樓梯，舉行儀式時國王走下這個階梯就坐。

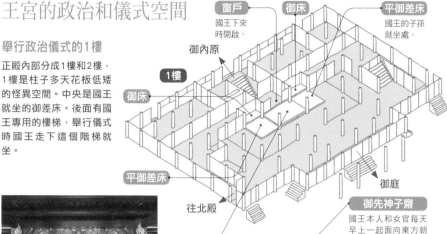

窗戶
國王下來時開啟。

御床

平御差床
國王的子孫就坐處。

御內原

1樓

御床

平御差床

往北殿

御庭

御先神子齋
國王本人和女官每天早上一起面向東方朝拜的場所。

火之神
流傳至沖繩的信仰。

2樓

御床

西之神子齋

唐玻豐
國王坐在這裡主持新年的儀式等。

御差床（1樓）
正面是國王就坐的御差床，王子和王孫等人就坐於左右的平御差床後進行儀式。打開前面木板窗的話，就能走下御庭。

2樓也有御差床

2樓是名為「大庫理」的神祕空間，在這裡舉行國王的登基或成年禮、元旦、冬至等儀式。中央是比1樓還豪華的御差床，在後面的御先神子齋，祝女每天早上會祈求祭拜火神。

御差床（2樓）
和樸素的1樓相比2樓的御差床裝飾華麗。尤其是將貝殼打薄貼在朱漆面上的朱螺鈿做成的椅子華麗非凡。後面「中山世土」等匾額，是歷代中國皇帝所贈與書寫的。

發現來自西域的設計！
雖然琉球沒有葡萄也沒有松鼠，但在御差床的側面有來自西域的葡萄栗鼠圖樣。琉球經由中國和世界接軌。

📝 MEMO │ 象徵中國皇帝權力的龍。首里城中有33座龍，為4爪龍，據說中國是5爪、日本的龍則為3爪。

依興建的時代有不同的門形

首里城的樂趣在於穿過歡會門起的每一道門走上正殿。現在，復原了12道門，仔細看門的形狀，大致可分成2種。

內廊部分是舊門

位於龍樋上的瑞泉門，設有水鐘報時的漏刻門等，將木造望樓蓋在垂直切割的城牆上。相當於首里城的內廊部分，做成古代門的造型。

〔瑞泉門〕〔漏刻門〕〔右掖門〕〔淑順門〕

〔歡會門〕〔久慶門〕〔繼世門〕

其他形式的門

〔守禮門〕〔廣福門〕〔奉神門〕〔木曳門〕

外廊門技術精進

細看首里城的迎賓門、歡會門及久慶門，在曲線漂亮的拱型石門上，建有木造望樓。這裡相當於首里城的外廊部分，比內廊部分的年代還新，在15世紀～16世紀半時整修。光是進步的堆石技術，就能蓋出漂亮的拱門。

Check!

驅邪石堆

在首里城，環繞城堡的琉球石灰岩石牆美景也頗受注目。尤其是在曲線流暢的前端四個角落微妙翹起，名為隅頭石的石頭，含有驅邪的寓意。

↓這裡

正殿東方遼闊的王國時代首里城！持續修復中

首里城區分為，正殿西側是男性掌管的「表」世界，而東側則是名為「御內原」國王及家族的私人空間。

這裡是可與江戶城大奧匹敵的區域。雖然目前首里城內尚未復原，但在王國時代擁有如右圖般的建築物和設施。曾具廚房功能的「寄滿」在齋場御嶽也有相同名稱的空間。

首里城的東側

N

右掖門
淑順門
北殿
女官居室
西之當藏
世誇殿
金藏
白銀門
御庭
正殿
世添殿
警衛室
美福門
黃金御殿
寄滿
中門
佐敷殿
崗哨
南殿
左掖門
近臣值勤室
二樓御殿
藏書間
繼世門
鎖之間
書院
值奉御物行值勤室
奧書院
大廚房
警衛室
料理區
東之Azana

描繪歷代國王的御後繪

在琉球王國，一旦國王駕崩，就由宮內的畫師描繪肖像畫，稱為「御後繪」，這些畫作已於沖繩戰役中燒毀，但有10張戰前鎌倉芳太郎先生拍攝的珍貴黑白照流傳下來。雖然所有御後繪的畫法類型都如出一轍，但隨著年代更迭，坐在中間的國王越畫越大。這是炫耀權力的心情手法吧！御後繪目前展示於首里城的南殿。

第一代　尚圓王

第二尚氏王朝的始祖尚圓王的畫像。初期國王的服裝是明朝皇帝所賜。　　沖繩縣立藝術大學附屬圖書‧藝術資料館典藏

第18代　尚育王

到了清朝，改成使用賞賜的布料，在琉球織成圖案精緻的官服。　　沖繩縣立藝術大學附屬圖書‧藝術資料館典藏

鮮豔復原的國王

御後繪的實際用色五彩繽紛，而且是長寬達1.5m的大型畫作。

根據專家詳細分析當時的顏料，在東京藝術大學進行色彩討論、臨摹作業，終於在2012年費時5年復原色彩豔麗的第18代尚育王的御後繪。這張畫中的國王神情更加真實，預計今後會在首里城內公開展示。

東京藝術大學保存修復日本畫研究室製作，沖繩美麗島財團典藏。

> **Data**
> ## 首里城公園管理中心
> ☎098-886-2020　**地址**：那霸市首里金城町1-2　**交通**：從單軌電車Yui Rail的首里站或儀保站徒步約15分鐘（到守禮門）　**費用**：820日圓　**開放時間**：4～6月、10～11月8點30分～19點（7～9月～20點、12～3月～18點）※收費區域
> **公休日**：無（但是7月的第1週週三和隔天休館）

世界遺產

🔻 **融合中國、琉球、日本建築的庭園**

識名園

位於距首里城南邊約3km高台上的識名園，具備王族修養地及招待中國皇帝的使者冊封使迎賓館2種目的，建於1799年的尚溫王時代。一邊漫步水池周邊一邊欣賞景色的「迴遊式庭園」，是當時日本大名喜愛的造園形式。當中建置中國風的涼亭及石橋、琉球特有的石堆和建築（御殿）、果園等，庭園整體呈現出琉球風格的精心設計。復原在沖繩戰役中毀壞的部分，2000年時登錄為世界遺產。

`琉球`

`御殿`

覆蓋紅瓦的御殿是琉球的民房形式。有15間房間，面積約160坪。內有廚房和茶水間，冊封使們就在這裡接受茶水或料理的招待。

走廊部分有在琉球也很罕見的上推木板窗。

`中國`

`石橋`

水池上建有2座石橋。直接使用天然琉球石灰岩的「小石橋」，和石塊加工製成「大石橋」。這些石橋據說是參考中國運河上的橋梁形狀，要讓冊封使們放鬆心情的吧！

讓冊封使賓至如歸

御殿前的寬闊水池呈現草書體的「心」字形。池中有2座中島,架著中國樣式的石橋,可以乘船到這裡接待冊封使們。1800年時來到琉球的冊封副使撰寫的《使琉球記》中記載著當時的情景。

黑瓦
翹起的黑瓦是中國建築的特色。

涼亭
在位於池中央的小島上,建有中國風格的涼亭「六角堂」。從御殿眺望的話,看起來就像是浮在水池上。

日本
迴遊式庭園
創於室町時代,江戶時代的大名宅邸中經常用此手法造景,是日本的庭園形式之一。

藏於勸耕台的心思

在園內的小丘上有寫著「勸耕」的石碑。這是尚育王的冊封使看到在眼前這片遼闊田地上耕種的人們,稱讚「國王打從心底激勵著人們」而題字命名的。其實這裡雖是高台卻看不到海,或許讓冊封使們誤以為琉球是座大島也說不定。

琉球
乘船處
用琉球石灰岩鋪成扇形的乘船處。載著冊封使們的船隻就是從這裡出入的吧!

琉球
育德泉
育德泉是園中池子的水源。長有紅藻類的「血條苔」。

琉球
石板路
一進入前門,就是條蜿蜒如S形的石板路。兩旁種有榕樹或茄苳樹等茂密樹林,是讓拜訪者期待前面會出現什麼的設計。

Data

識名園管理事務所
☎098-855-5936 地址:那霸市真地421-7 交通:自那霸機場車程約30分鐘 費用:400日圓 開放時間:9點~18點(10~3月至17點30分) 公休日:週三(若遇假日順延至隔天)

紡紗、染色、織布・手工孕育出的纖細美

染織

沖繩擁有各式各樣的染織品。在風土孕育出的植物上，加上人們勤懇的努力與創意設計完成的作品。要讓家人穿、在祭典時穿，還要當成嚴苛的稅金上繳，人們經過長久的歲月技巧日益精進。在各地的工房至今仍堅持手工作業，用心珍惜地編織著每一反布（譯註：織布的單位）。這些布擁有樸素溫暖的獨特風格。另外，傳承王國時代的華麗染色—紅型，魅力仍然健在。對喜歡布藝的人而言，沖繩是藏有無限魅力的土地。

穿上南島風的芭蕉布

芭蕉布是把撕細的線芭蕉纖維捻成絲線編織而成。特色是輕柔具張力的布料觸感，這塊布適合當地的氣候風土，從王族到庶民，住在沖繩的人們都很愛穿。

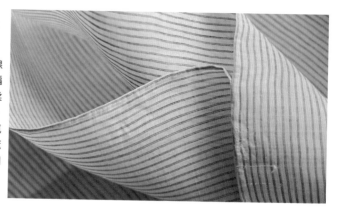

芭蕉布的製成

現在，最知名的產地是沖繩本島北部，大宜味村喜如嘉。據說到戰前為止，喜如嘉最為人所知的是鎮內技術優良的船匠輩出，男性身為船匠前往那霸，剩下的女性們從事芭蕉布的工作。

芭蕉田

大宜味村喜如嘉的線芭蕉田。線芭蕉和香蕉同為芭蕉科的多年生植物。為了取得柔軟的纖維，免不了要勤於照料。

線

用指尖將線芭蕉的纖維細細撕下，捻成長絲線。從纖維製成「絲線」的作業，稱作「苧績」，主要是老年人在做。

織布

依需要將絲線染色後，掛在機台上織布。目前在大宜味村一年約可生產130反的布。

王朝的鮮豔華麗－紅型

紅型在王室的保護下發展茁壯。除了做為王族・世族的禮服外，也用於款待冊封使宴會上的舞蹈服裝，還是獻給中國的珍貴貢品。

紅色地龍寶珠瑞雲紋樣紅型平絹袷衣裳

據推測是成年禮前的王子服飾。紅型最大的魅力是盡情地在服裝上施展鮮豔的色彩和自由大量的圖案表現。

那霸市歷史博物館典藏

雙龍
2條龍夾著寶珠彼此互看。在中國，龍是所有動物的祖先，如同造物神般的存在，做為權力的象徵裝飾在皇帝的服裝上。從龍會變身衍生出君子也能順應時勢靈活從政的涵義，因此也是國王或王子喜愛的設計。

牡丹
象徵富貴，除了紅型衣裳外，也用於金藝品、漆器等祭祀用品或髮簪上。

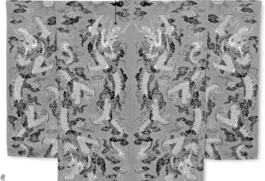

長尾鳥
自古以來在日本是能和鳳凰溝通的吉祥鳥。

鳳凰
中國古代傳說中地位崇高的瑞鳥。在琉球，和龍同為王權的象徵。

寶珠
龍擁有的寶珠，據說藏著無限的能量。

蝙蝠
紅型圖樣有著中國風格和日本風格兩種，蝙蝠是來自中國的圖樣。
中文當中「蝙蝠」和「幸福」的發音雷同，因此在中國屬於吉祥圖案。

紅型工房是分工制

工房大多集中在曾是王府的首里。思考圖案、雕刻紙型、把紙型放在布上塗漿糊、上底色、進行上色作業、描框線在圖案上做出立體深度。以明礬定色後用水洗去漿糊，漿糊的作用是防染，上漿部分以外的都會染色。這一連串的作業會在多個工房中分工製作。

留在各島上的布

在眾多小島組成的沖繩，流傳著個性化的織法與染色。

宮古上布

用苧麻纖維做成的絲線來染色、織布。雖然也有草木染織品，但基本上是十字紋的紺上布。發展出令人讚嘆的高度技巧，源自成為貢品布料獻給王府的歷史。王府將宮古島的女性們辛苦織好的布呈獻給薩摩藩。

圖案全部由細小的十字紋所組成。進行砧打作業呈現出獨特的光澤。用大木槌敲打織好的布是男性的工作。

苧麻是蕁麻科的多年生植物。日文名為カラムシ（Karamusi）。取用莖部外側的纖維。

用鮑魚殼從苧麻的表皮取出纖維。

用指尖撕細的纖維。用手指將這些纖維搓捻成長絲線，再用紡車紡成線。

久米島紬

其魅力在於紬（絲綢布料）才有的溫潤觸感、島上草木染成的顏色與樸素的絣紋（譯註：碎白點花布）。織布時將打算做出圖案的紬線（捻好的絲線）綁起來，用植物染料染色後織布。

基本色系有5種，分別是黑褐色、紅棕色、黃色、綠褐色及灰色。傳統的絣紋相當美麗。

黃槿（Yuna）
黃槿樹的樹幹燒成灰溶於水中後染色，以明礬做媒染劑。

月桃
用月桃根染色，做出素淨的粉紅色。

泥染
用厚葉石斑木染色後，再以鐵質含量高的池泥做媒染劑，染出久米島紬特有的黑色。

菲島福木
菲島福木在沖繩是守護住宅的常見防風林。樹皮可以做成鮮黃色的染料。

Shiza
錐栗樹皮。

菝葜（沖繩名Geiru）與厚葉石斑木（沖繩名Tikachi）
用菝葜染色後再重複用厚葉石斑木染成深褐色。

菝葜
將山上野生的菝葜根切成碎片，用熬煮後的汁液染色。

楊梅和黃心柿（中原灰木）
暗黃色染料。久米島紬使用島上野生的植物做染料。

八重山上布

原料是苧麻。有2種染色方法，一種是使用薯榔製成的濃縮液，以捺染（刷入染料）的技法為絲線染色，和綁起絲線以各種植物染料染色。捺染品的特色是白底紅棕色的圖案。

菲島福木＝黃色　錐栗樹＝灰色　紅木＝橘色

楊梅皮＝黃色　梔子花果實＝黃色

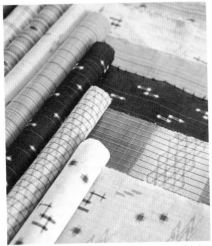

用綁繩後做草木染處理的絲線織成色彩豐富的八重山上布。觸感輕柔，是高雅時髦的夏季布料，相當受歡迎。

絣紋圖樣的意義

琉球王府為了編織貢布，編纂做為樣本的圖紋集「御繪圖帳」。也刊載了很多絣紋，並寫明其涵義。

飛鳥

呈現小鳥飛翔的姿態。

把手容器

附把手的四方形容器。

Minsaa織布

Min是木棉，Saa是狹窄的意思，Minsaa指的是木棉織成的窄腰帶。Minsaa主要在竹富島、小濱島、石垣島等八重山地區編織。最著名的是由4個或5個方點組合成的圖樣，有「生生世世永永遠遠（いつ（5）のよ（4）までも）」的寓意，是女性送給男性的信物。

拳頭紋（Tizikunbima）

Tizikun是拳頭的意思。Bima是由左右跳過一條緯線來編織的絣紋織法。

龜甲紋

含有長壽祈福意義的龜甲紋。龜甲中有十字紋。

條紋與絣紋的時尚組合。

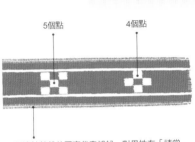

5個點　　4個點

兩邊拉鍊般的圖案代表蜈蚣，對男性有「請常來我身邊」的意思。

用結實的木棉織成的Minsaa布，容易做成包包等物件，是頗受歡迎的伴手禮。

因泡盛而誕生的多款酒器

陶器（Yachimun）

Yachimun的Yachi是燒陶，Mun是器物，也就是陶器的意思。沖繩古窯的窯廠位於喜名、湧田等沖繩本島中南部，生產壺、甕或碗等器皿。接著，琉球王府將職人們集中在那霸市壺屋，之後一提到Yachimun主要泛指壺屋燒。在大正時代民藝運動的柳宗悅、濱田莊司等人推廣其價值後，全日本都認識了壺屋燒。分為不上釉藥、高溫燒製而成的荒燒，和施釉畫上彩圖的上燒。窯戶集中在那霸市壺屋和讀谷村。

各式酒器

雖說盤子或飯碗也很棒，但為了享用泡盛而發展出的各式酒器也令人樂在其中。有著豪邁地在戶外飲用、端到宴席上、一邊在座位上聊得痛快一邊細細啜飲等各種用途。因應各種場合而製作的外形相當有趣。

嘉瓶（Yoshibin）

漢字寫成嘉瓶。用來帶酒到有婚禮或生產等喜事的家中祝賀之用。如蠶繭般的特殊外形，是抱在腋下方便攜帶的設計。

也有高達50cm的大型嘉瓶，但因為有瓶腰所以方便攜帶。喝完裡面的酒後，嘉瓶要還給贈送者，因此有的會貼上家紋。

沖繩陶器中顏受歡迎的魚紋。

Karakara

握住壺首搖晃的話，裡面會發出喀啦喀啦的聲音。做好圓形本體後，黏上壺嘴，從壺嘴插入棒子打洞時，黏接處的黏土會掉入壺中。直接燒製好後黏土碎片會在裡面發出喀啦喀啦的聲音。穩定性高的圓形，最適合和朋友互敬悠哉地喝酒。

在馬上使用抱瓶的人

據說用自備的吸管喝酒。當時的吸管應該是麥稈吧！

抱瓶

攜帶式酒瓶的種類之一。因為瓶身像月牙般彎曲，穿上繩子背在肩上帶著走時，會垂在腰際。據說富農在巡視山頭，或是看賽馬時會倒入泡盛帶走，另有一說庶民用的是椰子殼製成的酒瓶。

壺嘴

從這裡倒入泡盛。

聽說以前曾舉辦過「抱瓶比賽」，評比圖紋的好壞。

在這裡綁繩子像水壺般背在肩上。

古酒專用杯（古酒豬口）

泡盛是放得越久越香醇的古酒。喝珍貴古酒時愛酒人喜歡用小酒杯。可以用手掌整個包覆住的大小。

不施釉藥燒製和上釉藥的都有，形狀也各不相同。酒杯雖小卻散發出職人的個性光芒。

寬 35mm 高 22mm

寬 60mm 高 24mm

寬 30mm 高 50mm

寬 38mm 高 25mm

一 直 受 到 喜 愛 的 魚 紋

從大正到昭和，自外縣市來到沖繩的企業家們（寄居商人），大多會訂製陶器做伴手禮。那些陶器稱為古典燒，異國風情的圖樣頗受歡迎，當中有一個就是魚紋。之後雖然古典燒退流行了，但魚紋卻成為基本圖案流傳到現在，原因在於人間國寶故金城次郎很愛畫魚。金城次郎畫的魚據說都在笑，有說不出的可愛。

技術高超，王國引以為傲的貿易品

琉球漆器

沖繩漆器歷史久遠。可以得知在17世紀初時，就有名為貝摺奉行，製造漆器的政府機關。鑽研出各式技法，精巧的漆器被視為送給中國或日本的重要交易品。戰後形勢為之一變，成為美軍、軍屬人員的伴手禮，朱槿等圖樣的小物件熱賣，是支撐沖繩經濟的一部分。

朱漆巴紋牡丹沉金馬上盃

尚家祖傳的酒器。在朱漆上用沉金雕施以家紋三勾玉圓紋及牡丹七寶繫紋樣的圖案。鮮豔朱色是琉球漆器的特色。
那霸市歷史博物館典藏

沉金
在上漆的器皿表面雕刻圖樣，再刷漆，面上刷進金箔或金粉。先刷的漆有接著劑的作用，可以固定金箔、金粉。

黑漆雲龍螺鈿盆

利用螺鈿的技法，大膽設計的盆。在黑漆上用螺鈿做出中國風格圖樣的品項，據說在薩摩進攻琉球後，搭上武士「喜愛唐風」的熱潮大量製作。
那霸市歷史博物館典藏

螺鈿
將夜光貝的貝殼內側，擁有彩虹光澤的珍珠層部分薄薄地削下來，切割成圖樣打磨後，黏緊在第二層漆上，再從上面重複塗一層漆和研磨的作業。

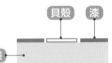

堆錦
把漆和顏料融合後，做成堆錦餅。將堆錦餅壓成扁平狀依圖樣切割後貼在塗漆的器皿上。

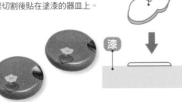

自廢瓶中誕生的溫潤魅力

琉球玻璃

戰後，以美軍大量丟棄的可樂或七喜廢瓶為原料，開始琉球玻璃的復興。職人們齊聚製造玻璃燈罩或裝粗點心的瓶罐，並收到很多駐守美軍做成香檳杯或雞尾酒缸的訂單。目前則成為展現作家個性的工藝品，相當受歡迎。

工房辛苦收集廢瓶

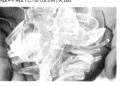

敲碎融化後改頭換面。

現在琉球玻璃的材料，使用廢瓶和玻璃原料兩者都有。因為可樂等清涼飲料的容器大部分是寶特瓶或鐵鋁罐，工房要收集原料相當辛苦。但是再生玻璃的獨特風格至今仍受歡迎，還是有不少工房堅持使用廢瓶。

產品顏色與廢瓶

褐色
啤酒瓶、能量飲料瓶、泡盛一升裝的瓶子等。

透明無色
泡盛瓶、Bireley's飲料瓶、果醬或奶油瓶等。

綠色
七喜瓶、檸檬汁的瓶子等。

窯內溫度1500度！
琉球玻璃有宙吹和型吹2種技法。每一種都是使用融化玻璃備用窯、成品製作窯和冷卻窯3種窯來做，最高溫的窯有1500度。以2、3人為團隊進行安全第一且迅速的作業。

宙吹 = 在鐵管前端捲繞起融化的玻璃，吹氣成形。

型吹 = 將捲繞在鐵管前的玻璃利用模型成型。

氣泡也是魅力之一

吹玻璃容易有氣泡進入。氣泡本來會妨礙玻璃製品的透明感，但在琉球玻璃卻被評為獨具風韻。反而有很多氣泡的作品大受喜愛。

沖繩人寄予情感的樂器

三線琴

名稱可以寫成三線或三弦等字，念法則是Sanshin，也有很多人念成三味線（Syamisen）。14世紀末從中國傳入，下功夫改良成琉球王府的宮廷樂器，之後在民間廣為流行。對沖繩人而言三線琴不單單只是樂器，而是心靈之友。高興時悲傷時都可將情感寄予三線之音。就算現在也不能於眾人齊聚慶祝的宴席上缺席。民謠教室多到數不清，每年也會舉辦古典音樂比賽，很多人努力練習三線琴。

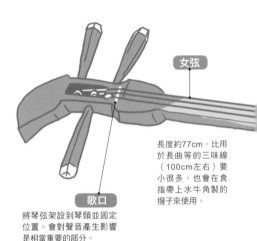

女弦

長度約77cm。比用於長曲等的三味線（100cm左右）要小很多。也會在食指帶上水牛角製的撥子來使用。

歌口
將琴弦架設到琴頸並固定位置。會對聲音產生影響是相當重要的部分。

三線琴譜
工工四

三線琴譜稱作工工四。直立書寫，用漢字標明按弦的位置和按壓長度。介紹一小段耳熟能詳的「安里屋小調」吧！

五線譜寫成這樣！

四	る	合四中	れほ	五	れ	合	ー	工	は	合四上	なか	四	サー
		中		七	て	五	ユ	合	な	上	き	合四上	き
安里屋ユンタ		工	に	五	か	合	イ	工	ー	合	の	上	
作詞·星克		合	ひ	合四工		五	ユ	五	ー	四	い	合	
作曲·宮良長包		工	き		えれ	七	イ	工	か	合四上	ばら	中	み
		中	と	中	ば	工		合		中		工	は
		上	め	上	や	合	く	工	サ	中	の	中	の

三線琴的製法

包覆在琴身，主要是越南養殖的錦蛇蛇皮。比起幼蛇，具厚度的老蛇皮比較好，使用的蛇皮部位不同音質也會有所差異。琴頸以黑木（黑檀）製的最高級，琴身則用羅漢松或樟樹來做。繃皮的狀況、琴身或琴頸的樣式與組裝時的調整等都能看出職人製琴的功力。

撫慰戰後人心的罐頭三線琴

琴身部分使用空罐頭的罐頭三線琴，原先出自美軍收容所。從沖繩戰役中到戰後的短暫時期，美軍將一般居民安置在收容所。在直接承受戰爭悲慘經驗的收容所中過著嚴酷的生活，利用空罐頭和木床廢材製作三線琴，藉由彈琴、唱歌，據說人們以此來撫慰痛苦的心靈。

中弦

琴身（胴）

琴頸（棹）　　男弦

Check!

沖繩版的響板三板

手指夾在三片木板間，另一隻手敲打出聲。可以敲出複雜的旋律。在快節奏的民謠中，和三線琴一樣活躍。

駒

立起琴弦。通常是竹製或塑膠製。

JASRAC 出 161025006-01

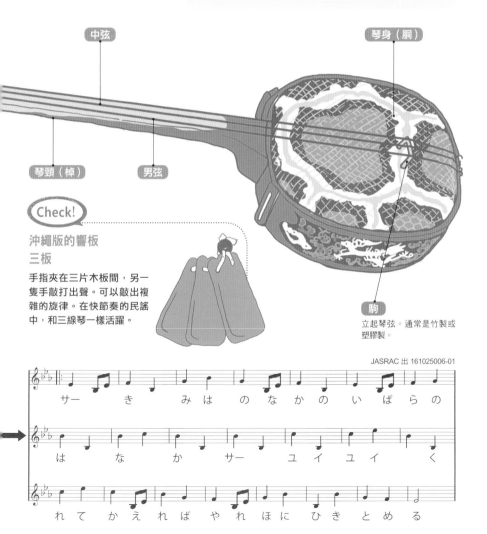

サー　き　み　は　の　な　か　の　い　ば　ら　の

は　　な　　か　サー　ユ　イ　ユ　イ　　く

れ　て　か　え　れ　ば　や　れ　ほ　に　ひ　き　と　め　る

仍留在現今生活中

庶民舞蹈

女性舞得柔和、男性跳得用力

琉球手舞
（Kachashi）

名稱來自Kachasun（攪拌）這個單字。以把開心和悲傷都攪拌均勻分擔給大家的心情來跳舞。經常會在結婚典禮（上圖照片）等祝賀場合，甚至是民謠酒吧裡跳。

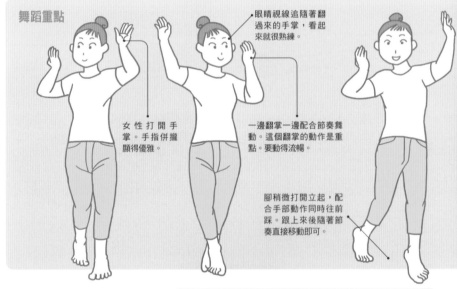

舞蹈重點

眼睛視線追隨著翻過來的手掌，看起來就很熟練。

女性打開手掌。手指併攏顯得優雅。

一邊翻掌一邊配合節奏舞動。這個翻掌的動作是重點。要動得流暢。

腳稍微打開立起，配合手部動作同時往前踩。跟上來後隨著節奏直接移動即可。

一提到宮古島的舞蹈就是

Kuicha

配合名為Kuichaagu的民謠跳舞，是宮古地區的代表性團體舞蹈。Kui是聲音，Cha是配合的意思。群體圍成圓圈一邊打拍子一邊跟著強而有力的節奏跳舞。因為像盆舞般動作反覆，男女老幼都會跳。特色是快節奏下的熱情舞蹈，在宮古島每年都會舉辦Kuicha大會。

照片提供：宮古島觀光協會

王府時代創作的宮廷古典舞蹈，和明治大正時代創作的雜舞是琉球舞蹈的兩大主流。另外還有一種，是沒有學琉球舞蹈的一般人最常有機會跳的Kachashi。跟著彈很快的三線琴節奏，自由擺動手腳地隨興跳舞。任何人在舞動的當下都充滿魅力。宮古、八重山也各自有活躍於庶民間的舞蹈。

吹口哨
點燃Kachashi歡騰氣氛的是吹口哨。基本姿勢是大拇指和食指圍成圈，舌頭捲起放在上面吹出聲音。

男性握拳展現力道。

握著拳頭轉動手腕。從手腕轉到前面是重點。

腳的動作也要有力。大腿抬起來的話顯得男人味十足。

表現農事動作的
Mamidoma

Mamidoma是竹富島的取種子祭（國家重要無形民俗文化遺產）中跳的傳統舞蹈。舞者拿著鐵鍬或鐮刀等工具，模仿農事的動作輕快地跳舞。因為是開朗快樂的舞蹈，在八重山可說是結婚喜宴上不可缺少的餘興節目，一定要出場的人氣表演節目。

王國接待賓客的歌舞

組舞

琉球國王每次有異動時，中國就會派代表皇帝的冊封使過來。為了款待他們而產生的表演之一「組舞」，是官吏玉城朝薰奉王命所創作，1719年首次在首里城的御庭上演。朝薰精通日本與中國的表演藝術，組舞中採用了能、歌舞伎和人形淨琉璃的要素。劇碼有8成是復仇的故事，這是為了向中國展示琉球是奉行儒教的國家。和歌舞伎等同時登錄為聯合國教科文組織世界文化遺產。

組舞的規則

組舞是利用台詞和音樂、舞蹈與演技來展開故事的古典歌舞劇。是布幕一旦拉起，直到最後不放下來的獨幕戲。了解幾項規定後，就算是初次觀賞也能樂在其中。

玉城朝薰創作。1719年在尚敬王的冊封宴上首度演出的「二童敵討」。

1719年首度演出的「執心鐘入」。住持們鎮壓住變身為鬼的女子。

發現日本文化的影響

玉城朝薰創作的「執心鐘入」，內容或進入鐘內的演出和能劇的「道成寺」雷同。其他被指出的還有組舞「銘苅子」和謠曲「羽衣」的關聯性。

依角色類型決定登場音樂

布幕一打開，主角人物就會跟著三線琴、日本箏、笛子、胡弓、太鼓（稱為地謠）奏出的樂曲在舞台上登場，但在組舞是依角色類型來決定演奏曲。有領主（稱為按司）、若按司、地方豪族（大主）3種，庶民登場時，背景音樂是鏘鏘彈起的三線琴。

萬歲萬歲，我是首里人，今天要到小灣濱…

經由自己報上姓名了解故事大綱

主角一上舞台，首先會說出自己是來自哪裡的某某人，例如「接下來要到王城服務」這樣，述說之後的計畫。台詞雖是名為琉歌的八八八六調，但在「沖繩國立劇場」出現在字幕上的是現代話，因此可以用耳朵和眼睛仔細確認。

繞行舞台
就是「上路」

登場人物慢慢地在舞台上繞步一圈回到原位後，表示他移動了相當的距離抵達目的地，即表示時間的經過。

右手朝向對方肩膀的動作，表現互相愛戀的情緒，重視彼此的心情。

板凳出現就是要報仇

這個板凳名為「Kiyauchiyako（きやうちやこ）」，跟隨按司或大主等權力者的隨從，帶著主人的板凳走。這個「Kiyauchiyako」一出現，幾乎就能確定是復仇的故事。Kiyauchiyako類似能劇的葛桶，令人覺得兩者間有相關性。

Kiyauchiyako

感情表達含蓄

組舞的特色之一是含蓄的感情表達演技。沒有哭泣擁抱的真實演出，以壓抑的動作和台詞的唱法來表達感情。

Check!

朝薰五番是？

組舞目前確定約有70部作品，玉城朝薰創作的「執心鐘入」、「二童敵討」、「銘苅子」、「女物狂」、「孝行之卷」被稱為「朝薰五番」，現在也常有演出機會。

日本國內第4大的國立劇場

以傳承和發展組舞及琉球舞蹈等沖繩傳統藝術表演為目的，2004年在浦添市對外開放。不僅是古典藝術，年輕新秀的創意組舞等也有登台演出的機會。

Data
沖繩國立劇場
☎098-871-3311
地址：浦添市勢理客4-14-1
交通：自那霸機場車程約20分鐘

款待中國使者的料理

宮廷料理

在琉球王國，舉辦儀式、每年例行活動或宴客時提供的宮廷料理，深受中國菜的影響。因為這些是接待中國皇帝的使者冊封使而製作的菜色。招待冊封使是琉球王國的全國性活動，據說王府為此還派遣廚師到中國學習烹飪。接著，在1609年的薩摩藩入侵之後，接待薩摩藩的官員也成為重要大事，從此以後就能看到日本料理的影響。

三獻料理

戰前，上流家庭在夜晚會舉辦滿桌好菜的豪華酒宴，那時候精於廚藝的女性們齊聚一堂，準備名為三獻料理的奢侈料理。陸續端出茶、點心、一膳、二膳及三膳，最後再上甜點。東道盆是提供比三獻料理更高規格的饗宴時，在二膳和三膳之間端出來的菜色。

炸紅薯餅

在三獻料理中，會先送上茶和甜點開胃。在紅薯粉（也就是地瓜粉）中加入蒸熟的地瓜搗碎後攪拌均勻，用油炸成像甜甜圈的點心。

東道盆

❶ Popo

麵粉加水溶解後煎成薄片，中間放入味噌絞肉捲包起來的點心。

❷ 芥菜魚板

在魚漿中加入芥菜汁製作而成。芥菜味和香氣十足。

❸ 炸魚板

在雙帶烏尾鮗的魚漿中加入雞蛋和紅蘿蔔末並塑型，以低溫慢慢油炸而成。

東道盆－盛裝在豪華器皿中的廚藝精華

東道盆是30cm左右的高盆，裡面隔成5、7、9格，裝入適合當下酒菜，色彩豐富美麗的前菜。這個器皿和裡面盛裝的料理稱為東道盆。是只出現在慶功宴或高格調宴席上的特別料理。屬於宮廷料理菜系，可說是目前沖繩的最高級料理。

沖繩滷肉
紅燒三層肉。大多在二膳時端出。因為三層肉連皮加大量泡盛一起滷，肉質口感軟嫩。

豬肉飯
在煮好的飯中放入豬肉碎片、紅蘿蔔、魚板和香菇，淋上柴魚豬骨高湯後享用。

豬雜湯
在上完二膳中的白飯後端出的三膳中登場。這道湯的內臟（胃和腸子）完全沒有腥味，口感清爽高雅。將做過處理才販售的內臟，一邊撒滿豆渣一邊清洗數次，再熬煮成湯。

④ 昆布捲
有喜事時必備的食物。用昆布捲包起旗魚，放入柴魚高湯煮熟。

⑤ 豬肉牛蒡捲
牛蒡中間挖空塞入豬肉，煮成鹹甜口味。

⑥ 雞蛋糕魚板
在魚漿中加入大量蛋黃攪拌均勻後放入烤箱烘烤。

⑦ 雕花墨魚
以精湛的刀工在厚實的墨魚片上切花後用熱水川燙，呈現出花開般的模樣。

大啖傳統琉球料理

那霸市的「琉球料理 美榮」，是少數能品嚐到以東道盆為首的傳統琉球料理的餐廳。精心做出的每道料理，訴說著琉球料理的深度。靜靜佇立在商業街一隅的獨棟店面，氣氛相當好。

(Data)
琉球料理 美榮
☎098-867-1356 須電話預約 **地址**：那霸市久茂地1-8-8 **交通**：從單軌電車Yui Rail的縣廳前站徒步2分鐘 **營業時間**：11點30分～、18點～ **公休日**：週日、年初、農曆盂蘭盆節 **費用**：午餐5000日圓～、晚餐7000日圓～1萬2000日圓的晚間套餐包含東道盆

使用大量豬肉、蔬菜和豆腐，營養均衡

家常菜

沖繩的家常菜，多是季節時蔬和豆腐、豬肉的組合菜色。代表性的家常菜沖繩炒苦瓜就是結合這3項，在一盤菜中可以充分攝取到蛋白質和蔬菜。雖然家常菜一向是樸素不重裝飾，但贏在營養均衡。基本調味是柴魚豬骨高湯。不管湯品還是燉煮類，這款濃郁高湯都是美味與否的關鍵配料。

雞蛋 · 苦瓜

沖繩炒什錦

蔬菜和豆腐的拌炒料理。如果沒有放豆腐就不是沖繩什錦。正因為是用沖繩特有，水分含量少的硬豆腐，才會炒得好吃。很快就能上桌且營養均衡，是家常菜中再經典不過的品項。

豆腐

沖繩苦瓜炒什錦

昆布 · 豬肉 · 蒟蒻絲

炒細絲

用油拌炒切細的食材，淋入少量豬高湯炒煮而成。因為是用高湯悶煮到湯汁收乾，菜色湯汁少。

炒昆布絲

Kubu就是昆布。豬肉、蒟蒻和魚板等翻炒後，加入切細的昆布淋高湯煮到湯汁收乾。

苦菜 · **湯**

放入大量豬肉、昆布、豆腐和蔬菜，可以當配菜也算是主菜的沖繩湯。湯底是豬高湯和柴魚高湯混合成的濃郁湯頭。

墨魚汁湯

濃郁又鮮甜的墨魚汁湯，是只要嘗過一次就無法忘記的好滋味。

白墨魚

什錦味噌煮

在切得大塊的絲瓜、苦瓜和冬瓜等蔬菜中加入豬肉和豆腐以味噌燉煮的菜色。

絲瓜味噌煮

絲瓜在燉煮的過程中釋放出的湯汁是美味秘密。

豆腐

絲瓜

豬肉料理種類

豬肉是沖繩飲食生活的主角。從腳開始，到頭、耳朵、內臟和血，都能毫不浪費地做成美味料理。市場中的豬肉成塊並排，在分量十足的豬肉塊面前，可以看到主婦高手一邊和店員討論一邊品頭論足的樣子。

燉豬腳

豬腳和昆布、蔬菜一起燉煮。含有豐富的膠原蛋白。

涼拌豬耳朵

豬耳朵和豬頭皮川燙後，淋上醋味噌與花生拌勻。

黑芝麻蒸豬肉

在里肌肉片上撒滿芝麻後蒸熟。

鹽漬豬肉

用鹽醃漬三層肉塊。以熱水多次淋燙洗去鹽分後切成薄片。

旗魚

苦瓜

在高溫多濕的沖繩也有很多炸物。除了人潮聚集的儀式活動中不可或缺的天婦羅外,還有在磨碎的豆腐內加入紅蘿蔔或木耳炸成的沖繩炸豆腐。

天婦羅
裹上雞蛋多的厚麵衣來油炸。麵衣有淡淡的鹹味,因此可以什麼都不要沾直接吃。

褐藍子魚

豆腐

鹽煮魚(Masu煮)

Masu就是鹽。用鹽、酒和水蒸煮鮮魚的料理。因為煮法簡單,一定要用新鮮的魚煮出來才好吃。

鹽煮褐藍子魚
褐藍子魚和豆腐只加鹽、水與酒來煮。

Tashiya

快炒一種食材。
紅鳳菜Tashiya
炒紅鳳菜。

呼嚕呼嚕炒

油炒米飯和麵線等澱粉類食物的做法。呼嚕呼嚕的口感是名稱由來。
麵線呼嚕呼嚕炒

鹽漬芥菜

飯類

有3種飯類,在煮好的米飯上淋湯汁的茶泡飯類、炊飯類與鹹粥類。
濃稠鹹粥
米飯加現有的蔬菜、
豬肉,用柴魚高湯
小火熬煮。多
用魁蒿來煮。

魁蒿

滋養強健的補湯

在存有醫食同源思想的沖繩,會讓過勞或病弱的人喝補湯。將豬肝、豬腎、鯽魚等食材,和苦蕒菜、魁蒿等具藥效的蔬菜不加調味料,一起細火慢熬成的湯品。

左・豬肝湯、右・鯽魚湯

品嚐富於變化的配料和在地風味的樂趣

沖繩蕎麥麵

雖說是蕎麥麵原料卻是麵粉，不加蕎麥粉。類似加了鹼水揉出的中華麵（有些店不用鹼水，使用木灰加水沉澱後的上層淨水）。湯頭基本上是豬骨和柴魚調和後的高湯，調味料主要是鹽。美味十足的澄澈湯汁，和細咬就散發出麵粉香氣的麵條，真是絕配。那就是沖繩蕎麥麵的好味道。快速、便宜、美味三者兼具，是沖繩的庶民飲食之王。

正宗口味的沖繩麵

基本組成要素有麵條、清澈的湯汁、魚板、紅燒肉、蔥花及紅黃色筷子。
餐桌上的辣油也是必備品。

青蔥
不可或缺的配色食材。

三層肉
滷得鹹甜入味。這道麵也用瘦肉。

魚板
大部分是油炸物。

薑
薑絲。也有很多店會在桌上放紅薑讓客人自行取用。

湯汁
豬骨柴魚高湯。柴魚高湯加得多口味清爽。

辣油
將島辣椒浸漬在泡盛中製成。既香且辣。

宮古麵

在很早期以前,宮古麵的特色是把配菜藏在麵條下。理由是「不要漏掉重要的配菜」「不愛炫耀(奢侈的魚板或豬肉)具內涵的道地宮古人表現」,各種說法不一。現在大多把配料放在麵條上,主張隱藏的反而是少數。

乍看之下像是只有蔥花的「清湯麵」,但麵條下藏著魚板和豬肉。

豬肉絲

圓麵條

八重山麵

雖說特色是放在圓麵條上的豬肉絲(瘦肉),但其實每家店的做法不同。比起這個,更能彰顯出八重山麵風味的是胡椒粉(Pipaachi,有些島稱Piyaashi)。擁有八重山胡椒別名,香味刺激的香辛料,讓風味清淡的八重山麵更具滋味。

胡椒粉

名為華茇(Piper retrofractum)的藤蔓植物果實曬乾後磨成粉的調味料。不但可以加在麵裡,和豬肉料理也很對味。是八重山人愛用的香辛料,又稱Pipaashi。

各式風味的麵類

堅持店內主張不停研發新口味的沖繩蕎麥麵界。除了這些外還有豆腐泥麵、山羊麵、墨魚麵、魁蒿麵等,沖繩人愛吃的食材大概都會放在麵上。

豬腳麵

豪邁地放上煮好的豬腳,分量十足的麵。大量的生菜和蔥花,是店內考量到營養均衡的貼心舉動。(Yosiko麵店・本部町)

豬肋排麵

煮得鹹甜入味的豬肋排是這道麵的主角。(山原麵・本部町)

海藻麵

在覆滿海藻的表面上,放上如島嶼般的三層肉,完美呈現。(屋宜家・八重瀨町)

豬雜麵

內臟(豬胃和豬腸)及蒟蒻絲燉煮後放在麵條上。再加上薑絲提味。(古謝麵店・宮古市)

🏃 MEMO　距沖繩本島東邊約360km的南大東島也有在地口味的蕎麥麵,名為大東麵。特色是略粗的麵條與彈牙嚼勁。搭配麵條一起品嚐的是大東壽司,用醃漬鮪魚或鮪魚捏成的握壽司。大東島則是八丈島的開發團隊拓建的島嶼,大東麵可以品嚐到八丈島鄉土料理,島壽司的菜色。

77

維持長壽的傳統蔬菜，營養價值高且味道濃郁

島蔬菜

島蔬菜的特色

香⋯香氣強烈
苦⋯具苦味
酚⋯富含多酚
維⋯富含維生素
藥⋯曾被當成藥草

香 藥 茴香

除了加在鹽煮魚之外，茴香末也能混在麵粉中做成天婦羅麵衣。健胃效果佳。

維 空心菜

自古以來就是沖繩常見蔬菜。燙熟後和白芝麻、豆腐拌勻，當味噌湯的配料或用油炒都美味。在葉菜類不足的盛夏，更顯珍貴。

山蘇

常見的觀葉植物。嫩芽可用來涼拌或清炒。喀吱喀吱的清脆口感頗具魅力。是八重山常吃的蔬菜。

維 酚 地瓜葉

食用地瓜葉的一種。可以煮成鹹粥或加在味噌當中。富含維生素A、B1、B2、C及葉黃素。據說對便祕也有效。

藥 金針花

長在沖繩或奄美的百合科多年生植物。莖部柔軟可做涼拌，花可用醋醃漬。據說對失眠很有效。

維 苦 苦瓜

維他命C含量豐富。而且苦瓜的維他命C就算加熱也不會流失，多吃點苦瓜炒什錦可以緩解夏季的暑熱不適。

香 酚 藥 日本前胡

別名長命草。在八重山用來當生魚片的配菜。含有豐富的多酚。鐵質含量約是李子的6倍，鈣質含量約是牛奶的4倍。

四棱豆

顧名思義其切面呈四角形。川燙後做成沙拉。也可以煮、炒、炸。又稱初夏（urizun）豆。多出貨到其他府縣。

冬瓜

和豬肉一起燉煮或煮成湯品，吸飽湯汁的冬瓜相當美味。是珍貴的夏季蔬菜之一。也可以用砂糖醃漬果肉做成甜點。

芥菜

常見的做法是用鹽稍微醃漬後（醬菜）做成沖繩炒什錦。富含鈣質、鐵質和鉀。

田芋

種在水田的芋頭種類。通常會先蒸熟，再來油炸或燉煮。是象徵多子多孫的吉祥食物，常出現在盂蘭盆節及過年時的餐桌上。

皺葉萵苣

雖是萵苣的種類但葉片較硬適合加熱烹煮。因為可以種在庭院等地方，是老年人易取得的蔬菜。

絲瓜

尚未成熟的絲瓜果實。和豬肉、豆腐用味噌燉煮的絲瓜味噌煮是沖繩的代表性料理。特殊的香氣與軟嫩口感令人回味無窮。

苦 藥 苦藚菜

日本名稱是細葉海菜。特有的苦味有益於腸胃。直接切碎和豆腐、芝麻拌勻，或做味噌涼拌菜，也可加在魚湯或墨魚汁裡。

直到戰前，每戶人家都會在住宅周圍闢田，種地瓜葉、魁蒿、苦薴菜等深綠色蔬菜，做成味噌湯或清炒涼拌後成為桌上佳餚。在強烈陽光下長成的蔬菜，很多都擁有高抗氧化功能，每天大量攝取這些蔬菜據說是沖繩的長壽因素之一。以下將介紹28種長久以來食用的地區特有蔬菜（島蔬菜）。沖繩縣正在推廣提高縣民健康和傳統飲食生活習慣的政策。

香 薤白

在戰後糧食取得困難的時代，日本全國皆食用。葉片川燙後用醋醃漬或做成涼拌菜。莖可以生吃。帶有青蔥般的香氣。

豇豆

在愛知縣等常見的長豇豆。沖繩自古就有種植。豆莢長度約30～40cm。可以炒菜、燉煮或炸成天婦羅。

維 莙蓮菜

富含維他命A、B²、鐵質、鈣質和鉀等。燙過後和芝麻、豆腐拌勻，或是清炒、做味噌煮等。

島紅蘿蔔

沒有腥味且果肉柔軟易入口。沖繩話稱之為黃蘿蔔。和豬肝或腎臟煮成的湯滋補養身。

香 青蒜

用來煮火鍋、炒菜、涼拌的冬季蔬菜。大蒜香氣和爽脆的口感令人樂於品嚐。和蒜苗是不同種類的蔬菜。

酚 維 紅鳳菜

富含維他命B²、A、鐵質及多酚。據說可以清除血液雜質。又稱水前寺菜、金時草。

紅毛瓜

長度約達30cm的瓜類。王朝時代自中國傳入而廣為人知。果肉白色清淡。切成薄片後用醋醃漬或涼拌。

維 島南瓜

屬於日本南瓜品種，水分多味道清爽。因為種植容易是頗受歡迎的家庭菜園蔬菜種類。維他命含量豐富。

香 島薤

在早春到初夏時期收成。體型小具強烈香氣及辣味。用鹽醃漬撒上柴魚片後就是一道下酒菜。也可以做炒什錦或天婦羅。

青木瓜

將成熟前的果實當成蔬菜來使用。可以燉煮、炒什錦、煮湯等。富含分解蛋白質的木瓜酵素。

藥 香 魁蒿

加在鹹粥或羊肉湯中。自古就把葉片擠成汁當作腸胃藥或退燒藥草來用。

參薯

山藥的種類。是燉煮或輕羹的材料。也有超過100kg的重物，在本島中部會舉辦比大小的山藥比賽。

島 白蘿蔔

重量約2、3kg的圓形白蘿蔔。耐熱耐存放，不易煮碎。可燉煮、生吃或拌炒。

酚 紅芋

一般吃法是蒸熟或炸成天婦羅，利用其色澤做成的甜點也很受歡迎。讀谷村是紅芋的知名產地。花青素含量豐富。

> ### 注意！
> ### 不可帶走生地瓜
> 2016年10月的現況規定，為了防止害蟲等蔓延，禁止從沖繩縣全境帶走生地瓜（紅芋之類）、空心菜、牽牛花等以及柑橘類樹苗、接穗、生莖葉。旅行時務必注意這點。

味道香醇、口感純淨·沖繩特產酒

泡盛

泡盛釀造過程

泡盛是只用原料秈米、生長在沖繩的黑麴菌和水製成的蒸餾酒。
目前縣內有47所釀酒廠，雖然是機械化的大規模工廠，仍是遵循古法釀造。

1 原料是秈米

除了部分品牌外，以在來米種的秈米為原料。因為米質硬粒分明，方便黑麴菌伸展菌絲容易做成米麴。獨特的風味也是主因之一。

3 蒸米

吸飽水的米蒸約1小時～1小時30分鐘。

2 泡水

米不用洗浸泡於水中。加入少量前次泡米水中形成的酸液，有益於後續工序中黑麴的培養。夏季與冬季的泡水時間不同。泡完水後，將米充分洗淨。

4 製麴

將蒸好的米放在草蓆上鋪平並撒滿黑麴菌。經過約17個小時溫度就會上升，因此需繼續進行溫度管理，維持適溫，藉著黑麴的力量製成米麴。

費時釀造的酒－古酒－

泡盛熟成後會提升酒質。存放3年以上的泡盛可以標示為「古酒」。製造優質古酒時必須細心看管，將酒倒入甕中放在洞窟等，釀酒廠會用各種方法來培育古酒。但是買來的泡盛只要不開封存放於陰涼處也能進行熟成。依不同的溫度或容器等釀出的風味也各不相同，不過產生的濃郁香氣應該都會令人感到驚豔。

泡盛的釀造約始於14世紀到15世紀。在琉球和海外交易頻繁的時代，從暹羅國（泰國）傳入。琉球王國時代，由王府進行釀酒管理，將釀酒師集中在首里城旁，名為三箇的地區。將在那裏釀造的酒獻給中國及日本，博得高級美酒的評價。明治以後釀酒廠增加，但在沖繩戰役中多數遭到破壞。此後在戰後，輸給便宜就能買得到的洋酒，泡盛一時被打入冷宮。之後，在各釀酒廠的努力下提升品質。身為觀光區的沖繩隨著人氣指數上升，泡盛也廣為人知。現在，泡盛成為沖繩的特產酒，名聲享譽日本全國。

⑤ 發酵
把麴放入甕或桶中，加水和酵母填滿。填滿後經過2～3天，表面會冒出泡泡。這是酒醪。約2週內酒精濃度會到達18度。

⑥ 蒸餾
把酒醪移到蒸餾器進行蒸餾。加熱酒醪形成的水蒸氣冷卻後再度成為液體。那就是泡盛。第一道出來的酒名為花酒，酒精濃度相當高。

⑦ 儲存
花酒雖然酒精濃度高，但最後會成為40～50度的酒。將這份原酒放入甕或儲存桶中熟成，裝入瓶中後出貨。

只有與那國島才有的 60 度 酒

泡盛的酒精濃度多為25度、30度、43度，但只有在日本最西邊的與那國島，才被特別允許可以製造酒精濃度60度的酒。就是蒸餾時最先流出的花酒。現在，國泉泡盛合名公司的「Donan」、崎元釀酒廠的「與那國」這2個品牌有生產。檳榔葉包住瓶身的泡盛，成為頗受歡迎的伴手禮。

為什麼不一樣？奇特的姓氏和地名

　　沖繩姓氏排行榜前三名分別是，第1名的比嘉、第2名的金城和第3名的大城。順帶一提，經過計算這3個姓氏約有13萬5000人，約占沖繩縣人口的1成。每一個在其他府縣都稱不上是多數人的姓氏。相反地幾乎沒有人姓在日本本土常見的佐藤、鈴木和高橋等。是什麼原因造成這種差異呢？

琉球人的名字充滿異國風

　　沖繩姓氏很多是難念的漢字，例如「仲村渠」，這裡雖然是念成「Nakandakari」，但搞不好原本是「中村」，然後加上人字旁與「渠」，說不定就是這樣。但是問題是，為什麼要做這麼麻煩的事呢？

　　答案要回溯到琉球王國時代。1624年，薩摩藩為了誇耀對琉球的有效控制，頒布將琉球人的名字假裝成異國風的命令。那就是「禁止大和（日本）般的姓氏」。根據這則命令採取將2個字的姓氏改成3個字的措施，例如前田變成「真榮田」、前里變成「真榮里」、船越變成「富名腰」等。

名字源自地名

　　然而名字的起源幾乎來自地名。統治土地的官員將領地名稱指定為家名。例如王國末期的口譯人員板良敷朝忠（1818～1862），若是讀谷間切（譯註：間切是琉球國的行政區，相當於現在的市町村）大灣的莊家，就以大灣為家名；若是真和志間切（現在的那霸）牧志的莊家，就取名為牧志。每次升遷氏名也會跟著改變。

　　沖繩也是有很多難念地名的地區。安波茶、平安山、世富慶、大工廻、勢理客等，還有很多連沖繩縣民也答不出來的地名。

　　豐見城市的保榮茂等，就算聽了很多次還是無法理解其慣念法的由來。不用深入思考沖繩的地名或姓氏，與其學習理解，反而不如習慣會記得比較快。

沖繩縣姓氏BEST10

第 1 名	比嘉	第 6 名	玉城
第 2 名	金城	第 7 名	上原
第 3 名	大城	第 8 名	島袋
第 4 名	宮城	第 9 名	平良
第 5 名	新垣	第 10 名	山城

（取材自姓氏資料館）

第 **3** 章

古城遺址、水族館、國際通…等，
以新觀點來發掘經典觀光熱點，找出未知的魅力。

沖繩本島 觀光熱點

世界遺產

▼ **北山王統治的堅固山城**

今歸仁城跡

在琉球王國統一前，分割成北、中、南3地勢力的三山時代，今歸仁城是統治北部一帶的北山居城。設有10城郭的雄偉城堡位於海拔100m的山坡，約4公頃的廣大佔地面積上，總長達1.5km的石牆如龍般地蜿蜒盤踞在山坡上，煞是好看。北山因和中國的朝貢貿易而繁榮，但1416年被尚巴志的中山軍入侵，末代北山王・攀安知喪命，北山滅國。然而，直到1665年為止，首里派人監守此處，城堡得以遺留下來。

因朝貢貿易而繁榮的北山

北山最後3代的國王（帕尼芝、珉、攀安知），被明朝皇帝冊封為北山王，朝貢貿易相當活絡。自今歸仁城跡出土的大量高級海外貿易品得以證實此事。沖繩古謠集《思草紙》中也歌詠著今歸仁的繁榮景象。

| 築城 | 14世紀末期 |
| 城主 | 北山王 |

←建物遺跡

大隅郭

1

kazafu

出土物有越南製的青花壺（左）、泰國製的陶壺（右）及各式串珠。

❶ 平郎門
總石牆的正門。走進門後，就是可以藏人射箭的內部結構。

❸ 舊道
這裡是原本登城的道路。為了不讓敵人輕易地攻上來，路面狹窄難走。

│背面
士兵隱身於此。有射箭專用的孔洞（矢狹間）。

❷ 七五三階梯
從平郎門延伸到大庭的參道，戰後整修成公園。

戰後，當地人們栽種的緋寒櫻。賞花期是1月底。

④ 大庭

走上參道就會看到的廣場。像是首里城正殿的御庭，據猜測自基石以北是北殿。

⑤ 火神

建於17世紀左右的火神廟。

⑥ 主郭

位於最高處，曾有所謂的本丸建築。可以找到基石。

⑦ 志慶真門郭

位於主郭南側下坡上的寬敞城郭，為了守護今歸仁城的後門（志慶真門），居於戰略地位上的重要位置。從這個遺跡出土的建築物或爐灶痕跡來看，推測曾有家臣居住於此。

⑧ 御內原

曾是女官房間的場所。從這裡可以欣賞到大海與石牆的美景。

家臣住所→遺跡　志慶真門

⑨ Tenchijiamachiji

在城內的幾處御嶽中，最神聖的祭拜場所。

Check!

被寶刀斬斷的石頭

據傳在北山遭到中山軍進攻時，得知屬下背叛的城主，攀安知，萬念俱灰之下用寶刀「千代金丸」斬斷御嶽的靈石。

圍 繞 四 座 御 城 而 起 的 變 動	
14世紀初～	三山對立的時代。
1406年	尚思紹建立第一尚氏王朝。
1416年	北山的今歸仁城，被中山軍攻破，護佐丸建造座喜味城。
1422年	尚巴志即位為王。
1429年	尚巴志滅掉南山統一三山。
1440年左右	護佐丸遷居至中城城。
1458年	護佐丸遭到首里王府軍（尚泰久）攻打而殞命（因為阿麻和利的讒言），阿麻和利也被首里王府軍殺害（護佐丸·阿麻和利之亂）。

Data

今歸仁城跡管理事務所
（今歸仁村御城交流中心）

☎0980-56-4400　地址：國頭郡今歸仁村字今泊5101
交通：下沖繩高速公路的許田交流道車程約1小時
費用：400日圓　開放時間：8點～18點（夏季～19點）
公休日：無

MEMO 自挖掘中發現在城堡下方有城堡辦事人員居住的村落，可以得知周圍也曾有人居住。想像得到當時以城堡為中心的繁榮情景。

世界遺產

▼ 築城專家建造的端正御城

座喜味城跡

位於沖繩本島西海岸的讀谷村。這座城是所謂的「要塞專用城堡」，由中山軍武將護佐丸建於15世紀初。護佐丸在1416年尚巴志的進攻北山中立功，沒多久蓋了這座城堡。和其他城堡最大的不同是，這座城完全是軍事據點。其他御城中一定會有的御嶽，這裡一個也沒有，從出土的陶瓷器都是日常生活用品推測得知。但是圍住城郭的石牆曲線優美，具備歐洲古城的風格。

具戰略地位的城堡

城堡由2個城郭組成，和其大小成反比，入口卻只是一個小門。是輕易就能擊敗攻城敵軍的結構。包圍住正門的石牆向前突出，也是為了攻擊包抄而來的敵人。這座城堡是護佐丸運用智慧建立，具備軍事要塞功能的地方。

❷ 二之郭
自正門眺望的二之郭。

❶ 正門
正門是寬度僅2m的狹窄拱門。自右前方的突出部分，可以完全看到打算從正門侵入的敵軍。

前面無法通行

❸ 武者隱
二之郭左邊和石牆間有寬敞的通路。想著這是什麼而往前走，轉彎處前面就是死路，而且還是下坡段，右邊是高石牆。這是將敵人引誘過來後一網打盡，名為武者隱的機關。

❺ 建築物遺跡
一之郭曾有宅邸。經挖掘後得知在城郭的東側和北側，有2座建築年代不同的府邸。

石牆如屏風般的理由

座喜味城跡建城的土地是名為國頭Merge的紅土台地，地質鬆軟。因此圍上如屏風般的石牆，增加強度。彎度就像劇烈傾斜處的城牆。厚實的石牆也是基於相同理由。

此處必看！
爬到圍住一之郭的石牆上，如屏風般曲線優美的石牆，對面遼闊的東海美景一覽無遺。

築城 15世紀初期
城主 護佐丸

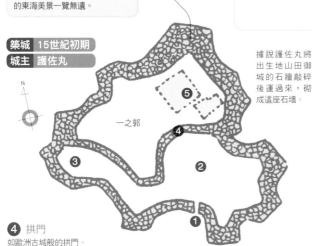

一之郭

據說護佐丸將出生地山田御城的石牆敲碎後運過來，砌成這座石牆。

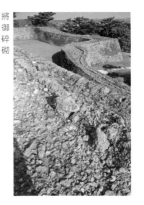

❹ 拱門
如歐洲古城般的拱門。

只有座喜味城跡使用拱頂石。

留下的遺跡顯示在城堡曾具功能的時代，此處有門。

Data ⋯⋯⋯⋯⋯⋯⋯⋯⋯⋯⋯
讀谷村立歷史民俗資料館
☎098-958-3141
地址：中頭郡讀谷村座喜味708-6
交通：自那霸機場車程約1小時
費用：城跡免費參觀

戰 國 武 將 護 佐 丸

好不容易蓋了城堡，但護佐丸只在這待了幾十年。護佐丸在首里王府的命令下，為了牽制勝連城主阿麻和利，於1440年時移居到本島中部的中城城。

✏ MEMO 護佐丸徵召了管轄下與論島、喜界島，最遠至奄美大島的人們來築城。在御城附近的長濱村落中，留有在築城時逝世的人們的墳墓。

世界遺產
▼石牆優美的雄偉城堡

中城城跡

位於中城村的高台上，由6個城郭組成威風凜凜的御城遺跡，石牆之美尤其受到肯定。雖然築城年份不可考，但原本在座喜味城的護佐丸約在1440年時奉首里王府的命令移居至此。他立刻增建三之郭與北之郭，完成目前的城堡規模。

御城特色是在北、西、南之郭沒有蓋建築物，擔任有府邸的一之郭、二之郭、三之郭的通道，這樣的結構方便對打進城的敵人布置攻擊機關。另外，這裡也是護佐丸迎來悲劇結局的城堡。

漫步城郭的同時欣賞石頭的砌法

沖繩的砌石技術，大致可分三階段。最古老的是直接堆起石頭的野面堆積法。接著是將石頭切割成豆腐般長方體後堆砌的「布堆積法」，最新技術是「相方堆積法」，將石頭切成多角形，組合成沒有縫隙的堆積法。中城城跡中南之郭是野面堆積法，正門到一之郭、二之郭是布堆積法，護佐丸建造的三之郭、北之郭則是優秀的相方堆積法。

門上可能曾經有望樓。

❶ 正門
從現在的入口進去，就是最裡面，不過這裡其實是正門。先進到裡面，再從這開始逛城跡吧！

❷ 祭拜所
位於正門南側是祭拜所聚集的地方。就像首里城的「京之內」，是守護城堡的神聖空間。中城城跡內總共有8個祭拜所，如祈雨御嶽等。

細看前門下方，可以知道這裡曾有木門。

久高島遙拜所➡

⬇首里遙拜所

狹間
在南之郭等的石牆上，設有狹間。可以從這裡射出著火的箭矢。

布堆積法

⑥ 大井

位於北之郭的大井是城堡的水源。圍住水井的石牆是用相方堆積法砌成。在石牆下方有暗渠，是井水滿溢時，也可以排水的結構。

相方堆積法

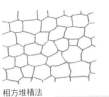

三之郭是用相方堆積法砌成的完美石牆。

> 這下面有水井。

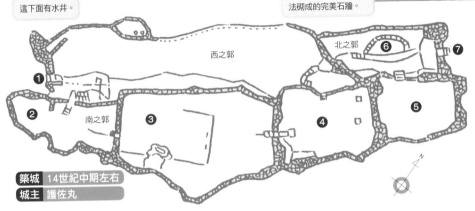

西之郭

北之郭　⑥　⑦

南之郭　③　④　⑤

❶　❷

築城 14世紀中期左右
城主 護佐丸

③ 一之郭

位於城中最高處，天氣晴朗時，可以看到沖繩本島東西兩邊的海洋。曾是正殿所在地。

> 在峭壁上堆石頭的高超技術。

⑤ 三之郭

護佐丸興建的三之郭周圍都是石牆，沒有和二之郭相連。要從二之郭走到三之郭，必須先繞到北之郭才行。原本這個空間是為何而蓋的呢？令人一頭霧水的三之郭。

④ 二之郭

從一之郭穿過拱門就是二之郭。這附近的石牆相當漂亮。都是用布堆積法砌成的。

> 現在從三之郭旁邊的門進入城內。

Check!

護佐丸之墓

王府軍懷疑護佐丸謀逆而攻打城堡，殞命於此城的他，墳墓位於中城城跡的東側。建於1686年的龜甲墓。

Data

中城城跡共同管理協會

☎098-935-5719 **地址**：中頭郡北中城村字大城503 **交通**：自那霸機場車程約1小時 **費用**：400日圓 **開放時間**：8點30分〜17點（5〜9月〜18點）**公休日**：無

🖊 **MEMO** 攻打護佐丸的首里尚泰久王之妻，是護佐丸的女兒。國王的女兒，百度踏揚是阿麻和利之妻。被歷史愚弄的總是女性。

世界遺產
因海外貿易而擴展的雄偉城堡

勝連城跡

立足於蜿蜒在東海岸上勝連半島的勝連城跡。面對一之郭的石牆如往上奔跑般的連綿姿態相當美麗，想像得到當時的繁榮情景。第10代城主・阿麻和利時代，這裡因城堡獨自的海外貿易而受惠。自位於城堡南邊的南風原港運進來的交易品，堆滿城內。府邸使用瓦片，城堡面積比現在大一倍。就像琉球的古謠集《思草紙》中所吟詠的「勝連好比大和鎌倉」。然而阿麻和利被琉球王府攻打，殞命於此地。

以繁榮自豪的城堡曾是現在的2倍大

勝連城跡目前入口所在的廣場是四之郭的遺跡，可以知道此處曾有建築物。現在的城跡範圍是從這裡到一之郭，但原本的城堡廣達位於四之郭底部的東側丘陵地。也就是說有現在的2倍寬，相當雄偉。

築城	13世紀初期
城主	阿麻和利（第10代）

❷ 石牆
勝連城跡的特色是石牆從三之郭連綿到山頂的一之郭。

❶ 一之郭
因為面積意外地狹窄，推測此處是否是宗教性建築物，或者曾是倉庫。

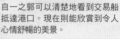
自一之郭可以清楚地看到交易船抵達港口。現在則能欣賞到令人心情舒暢的美景。

NEWS！羅馬時代的硬幣出土

2016年9月，對外發表自四之郭挖出4枚3～4世紀的羅馬帝國硬幣，以及17世紀的鄂圖曼帝國硬幣。發現羅馬帝國時代硬幣的是，14～15世紀左右形成的土層。被認為「會不會是在與亞洲交易興盛的時代，自中國或東南亞帶入的」，充滿傳奇的出土物，令勝連城跡的關注度上升。

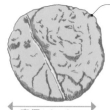

重量
1.5～3.6g

羅馬帝國的
硬幣（銅貨）

製造：373年～4世紀中期
在X光的檢查下浮現出皇帝君士坦丁烏斯一世的人頭像等。

直徑1.6～2cm

❸ 二之郭
因為有日本大和瓦及朝鮮高麗瓦出土，所以推測此處曾有覆蓋瓦片的正殿。

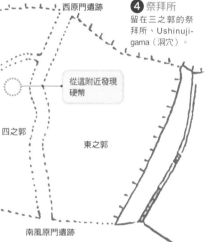

西原門遺跡

❹ 祭拜所
留在三之郭的祭拜所、Ushinuji-gama（洞穴）。

從這附近發現硬幣

四之郭

東之郭

南風原門遺跡

❺ 門
原本的城門是位在四之郭兩端的西原門和南風原門，但現在尚未復原。照片中是進到三之郭的，相當於入口的門。布堆積法砌成的石牆，相當漂亮。

重新評價阿麻和利

阿麻和利實施善政，為此處帶來繁榮。另一方面，和中城城的護佐丸是政敵關係，向首里王府進讒言「護佐丸有意謀反」，逼死護佐丸。接著被察覺有進攻王府之意，反而被王府軍征討。為此阿麻和利被烙印上王府反賊的印記，但近年來，當地動作頻頻，重新審視他的功績。

Data
勝連城跡休息處
☎098-978-7373 地址：宇流麻市勝連南風原3908
交通：自那霸機場車程約1小時30分
費用：城跡免費參觀

MEMO｜ 從四之郭出土的鄂圖曼帝國時代銅貨，是1669～79年製造的物品。是勝連城荒廢後的時代產物，流入途徑等謎題無解。

世界遺產

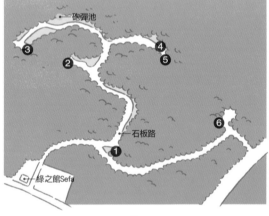

▼琉球最崇高的聖地

齋場御嶽

身為遙拜神島‧久高島最崇高的聖地，自琉球王國時代起備受尊敬的御嶽。在王國時代，國家最高地位的女祭司聞得大君的就任儀式就在此處舉行，王權與掌管的信仰緊密連結。雖然在那個時代庶民與男性無法從御門口進入，但現在任何人都得以入內。在蔥綠茂密的樹林間，岩石表面露出琉球石灰岩的狹窄空間中，總是流動著潔淨的氣息。與首里城等一起登錄為世界遺產。

感受神聖氣息的場所

目前在齋場御嶽還看得到當地人膜拜的身影。御嶽內完全沒有神殿等人工建築，人們祭拜的是琉球石灰岩的巨石以及底下放置的香爐。能在那裡感受到神明的存在，是沖繩特有的信仰形式。

砲彈池

③

②

④

⑤

⑥

石板路

①

🏠 綠之館Sefa

① 御門口

御嶽的入口。放了6個方形香爐表示御嶽內的6處祭拜所。王國時代，無法入內的庶民，就從此處對著香爐合掌膜拜。

香爐

② 大庫理

在像是被琉球石灰岩包覆的突出岩石下，有石製方形平台。這是祭拜所之一，和位於首里城正殿2樓的「大庫理」同名。

③ 寄滿

位於繞著大庫理巨石一圈的反面。這裡也是有石頭鋪在突出的石灰岩下。寄滿是「豐收滿盈之處」的意思，首里城中的廚房也取相同的名字。

④ Shikiyodayuru與 Amadayuru之壺

如乳房般垂下的2根鐘乳石名為Shikiyoday-uruama-ganubii、Amaday-uruasi-kanubii，放在那裡的壺是為了接自鐘乳石滴落的聖水。

⑥ Uroka

據說在王國時代要進入齋場御嶽前，先用這口井中的水淨身。現在因為路況不好，不開放參觀。

深夜進行的就任儀式

尚真王時代，將祝女提升為國家層級的組織，創立最高地位「聞得大君」的官方職位。聞得大君由王妃或女兒等家族女性來擔任。其就任儀式名為「御新下」，深夜時在齋場御嶽進行。

御新下的行程

首里城
↓
與那原的御殿山
↓
齋場御嶽（深夜）

舉行「御新下」時禁止男性進入。在御嶽鋪滿從久高島運來的白沙，久高島的祝女帶領身穿白衣的祝女們，進行莊嚴的就任儀式。

約70位祝女吟唱的「神歌」響徹深夜的御嶽。

正面可以看到久高島。

❺ 三庫理

一進入連1mm的空隙都沒留下，2塊巨石緊貼形成的三角形通道，前方有個小空間。這裡就是三庫理，石壁處設有香爐。人們相信神明會從這塊巨石上方降臨到香爐處。左手邊可以看到聖島，久高島。

香爐

Data ‥‥‥‥‥‥‥‥

綠之館Sefa
☎098-949-1899　**地址**：南城市知念久手堅539　**交通**：自那霸機場車程約1小時　**費用**：300日圓（南城市地域物產館）　**開放時間**：9點～18點（11～2月～17點30分）　**公休日**：農曆5月和10月不定時公休

✐MEMO　從齋場御嶽出土許多勾玉、中國青瓷及錢幣。另外，也確認了在排水溝或舉行儀式之際鋪滿的白沙堆等。

尋訪琉球神話的聖地巡禮

東御迴

【首里】

與那原町

南城市

琉球的起源

琉球開天闢地的神話有好幾個，但主要是圍繞著阿摩美久（Amamikyo，又名Amamiku、Amamikiyo）發生的內容。很久很久以前，阿摩美久從位於大海對岸的烏托邦Niraikanai降臨沖繩，開始建國。創設島嶼，讓一對男女住進來，並生下三男二女，據說其舞台就是久高島。不久後阿摩美久來到沖繩本島。踏出的第一步印記，是位於本島南部百名濱川原的Yaharadukasa。從那裡上岸後慢慢地往內陸前進，建立御嶽做為安居處。透過東御迴可以巡訪其足跡。

走一趟東御迴吧！

① 園比屋武御嶽石門 那霸市

國王出城時，祈求路上平安的御嶽。位於首里城的守禮門附近。

② 御殿山 與那原町

據說是天女降臨時的祭拜所，也是國王和聞得大君去久高島時的出發與回來地點。在這裡舉行御新下的聖水儀式。

③ 親川 與那原町

據說降臨到御殿山的天女，生子時曾用此處的井水。御新下聖水儀式中用的水取自此處。

④ 場天御嶽 南城市

如願統一琉球的尚巴志，其祖父離開伊平屋島遷居的住家遺跡成為御嶽。

⑤ 佐敷上御城 南城市

尚思紹、尚巴志父子居住的王城遺跡。

✏ MEMO 阿摩美久建國時，最先開拓的森林是琉球開闢七御嶽。 1.安須森御嶽 2.Kubou御嶽 3.齋場御嶽 4.藪薩御嶽 5.Amatsudutentsugi御嶽 6.Kubo御嶽 7.首里真玉森御嶽

自首里到沖繩本島東海岸、南部都有關於琉球開闢神話的聖地，巡迴參拜和琉球王國成立相關的御嶽名為東御迴，在琉球王國時代國王和聞得大君也會參拜，祈求國運昌榮及五穀豐收。這項活動也傳承到了現代，有些人會開著車一邊觀光一邊進行東御迴。巡迴參拜從位於首里城外郭的園比屋武御嶽石門開始，經過與那原町到南城市為止，共14處。一邊到沖繩民族傳說中的祖先阿摩美久的世界巡遊，一邊享受聖地巡禮之樂，也是一大趣事。

6 Teda御川　南城市

Teda是太陽的意思。相傳國王或聞得大君進行久高島參拜時，會飲用此處湧泉，祝女們祈求海上平安。

7 齋場御嶽　南城市

阿摩美久闢建的7個御嶽之一。是琉球最崇高的聖地。

8 知念御城　南城市

琉球古謠集《思草紙》中也曾歌詠的歷史古城。

9 知念大川　南城市

位於知念御城西側入口的井泉。

10 受水・走水　南城市

位於百名海岸附近的2處湧泉。傳說中阿摩美久進行稻作的聖地。西側是受水、東側是走水。

11 Yaharadukasa　南城市

立於濱川原海岸的岩石。漲潮時被海水淹沒，退潮時出現。相傳阿摩美久降臨於此地。

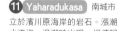

12 濱川御嶽　南城市

降臨在Yahara-dukasa的阿摩美久，曾暫居於此處。在青綠茂盛的樹下會有清水湧出。

13 Minton御城　南城市

在濱川御嶽休息的阿摩美久，興建御城的安居處。因為是私有地屋主謝絕參觀。

14 玉城御城　南城市

阿摩美久闢建的7個御嶽其中一處蓋的御城。位於可眺望久高島的高台上，巨石鑿出的城門，朝著烏托邦而開。

在富農宅邸看琉球傳統房屋

中村家住宅

建於18世紀中期的中村家，是沖繩本島中部的富農宅邸。能見到鎌倉‧室町時代的日本建築風格，及琉球特有房屋結構和設計思想的珍貴歷史遺產，被指定為國家重要文化遺產。如果把被士族宅邸形式的主屋、別屋包圍起來的中庭及前廳做為招待客人的特別區，那麼農家才會有的高倉、牲畜舍等則是日常生活空間。建材使用耐腐蝕及蟲害的羅漢松。繞宅邸一圈的石牆也很漂亮。

風獅爺
源自東方的獅子像，是14～15世紀時從中國傳入沖繩。安置在村莊入口等處做驅邪、避火之用，明治以後，隨著瓦頂住宅的普遍，安放位置變成從民家屋頂或門柱向外看。

石門與屏風牆
在建於福木樹叢外側的石牆中央，開著沒有門片的石門。在後面發揮遮擋視線功能的，是來自中國的屏風。從左繞過這座還有驅逐惡靈作用的屏風狀石牆進入屋內。

仔細觀察富農宅邸

劈開南面的斜坡以興建宅邸。背面有做擋土牆之用的石牆，側面到正面則被福木和石牆層層圍住。木造紅瓦的主屋與別屋屋頂相連，興建當時的屋頂鋪的是稻草，明治時代中期才改成鋪瓦片。正面的屏風牆從右進的話，映入眼前的是接待空間，從左繞入的話則是日常空間，以前用來區分男女或身分。

〔Data〕
中村家住宅
☎098-935-3500　**地址**：中頭郡北中城村字大城106
交通：自那霸機場車程約40分鐘　**費用**：500日圓　**開放時間**：9點～17點30分　**公休日**：無（2017年6月1號～週二公休）不過，年底年初、黃金週例外。

別屋

和主屋東南方相鄰的別屋。可以當客房也可以做隱居處。在琉球王國時代，用於接待前來巡視地方的王府官員等。

主屋的一番座到三番座

沖繩的傳統格局，從正面右邊開始是名為一番座（壁龕）、二番座（佛堂）及三番座（神龕）等前廳相鄰的結構。

高倉

為了防潮、防鼠害以及保護穀物的架高式穀倉。用來存放稻米。以往的式樣是用圓柱，但中村家和住宅同樣使用方柱，牆壁與地板鋪木板。屋頂內側部分是名為驅鼠的斜面。

樹根

自山上挖掘出的天然木適合做支撐雨端的柱子。傳統用來做雨端柱的是立在琉球石灰岩的基石上，剝除樹皮帶著根部的粗壯羅漢松。

雨端

連接主屋住宅和中庭的空間名為雨端。指的是日式建築中的門廊。用住宅外側的柱子支撐自屋簷周圍向前推出的寬門簷。可以擋住直曬的強光，就算雨戶開著也不怕雨水會潑進來。對沒有玄關的沖繩民宅而言，是接待客人或做為農事工作區的重要結構。

紅瓦屋頂

紅瓦灰泥是沖繩的代表性屋頂建材。早期城堡或神社寺廟用的是黑瓦，自17世紀左右開始燒製紅瓦。素燒瓦和黏土的斷熱效果佳，鋪在弧形仰瓦間的半圓柱形筒瓦，具良好的透氣性。

牲畜舍兼儲藏室

1樓是牛、馬或羊的牲畜舍，中間2樓存放許多製作黑糖時會用到的木柴。隨處可見設計巧思，如家畜區前面的柱子，就算綁上牲畜，木柱和石面地基咬合得相當緊密，不會脫離等。

97

琉球的平民住宅

琉球現在幾乎都是水泥砌成的房屋。然而，一到竹富島和波照間島等離島，就會看到保留下來的昔日民房。雖然規模不像中村家那麼大，但覆蓋紅瓦的平房，透氣性良好的開放性格局，仍具備平民住宅的特色。

豬廁

自中國傳入，既是豬舍也是廁所的地方。以前有蓋屋頂，人們在前面如廁，讓位於凹洞中的豬吃人類糞便的處理模式。大正時代因衛生問題警察署長奉命打掉各家的豬廁，禁止重蓋。

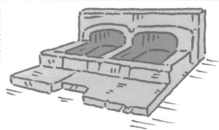

廚房

廚房有炊煮區泥地和木板地面。中村家（左圖照片）的廚房在土製灶台上有3個爐口。中間內部祭祀著火神・灶神。木柴放在低矮的天花板上，將裝了豬油的油瓶或味噌罐、食物儲存籃等吊高。

石牆

用琉球石灰岩，以野面堆積法砌成圍住宅邸的石牆，裡面種植福木等防風林。

活用海洋恩澤的住家

紅瓦可說是民家的特色，以名為Kutya的黏土製成。Kutya是海泥堆積生成的泥岩層。本島南部由這種土壤組成，取得容易。另外，堆砌在住宅周圍的琉球石灰岩，是長在遠古海洋的珊瑚。沖繩民房活用孕育自海洋的周邊素材。

菜園（Atai）
於住宅後方或前庭開闢的家庭菜園名為Atai。

菜園

裡間

裡間

佛龕　壁龕　壁龕

廚房

二番座　一番座

防風林

雨端

水井

一直線

屏風牆

面南的波照間島民宅。通風的開放性建築。

裡間
位於前廳後面，各間獨立，名為裡間的私人房間。

沒有玄關！
沖繩民宅的特色之一，是沒有玄關。訪客繞過屏風牆直接進到客廳。

沒有門片
正門沒有門片。一進門就是屏風牆。

客廳
一番座設有壁龕、二番座有佛龕，後面有家人休息的裡間。

佛龕

屏風牆的素材不拘
有用琉球石灰岩、水泥塊砌成的，也有用木板、植物、白鐵皮做的，材料不一。屏風牆的位置和佛龕成一直線最為理想。男性從右邊進入，女性則從左邊。

舊石器時代的生活就在這裡

Sakitari洞

位於沖繩本島南部的Sakitari洞，是觀光設施「Gangala之谷」內的舊石器時代遺跡。距離出土過約2萬年前人類化石的港川遺跡1.5km左右的西北方，猜測是否有和港川人同時代的舊石器人類，正在進行考古調查。以距今約1萬～2萬年前的人骨為首，自2萬年前的地層挖掘出角貝做成的串珠與日本絨螯蟹的蟹爪化石等。在2016年9月，發現約2萬3000年前的魚鉤，有助於了解舊石器時代，引起各界關注。

洞穴入口

Sakitari洞是和觀光設施「Gangala之谷」同居一處的珍貴遺跡。在「Gangala之谷」接待處的大型洞穴中有考古現場，旁邊有洞穴咖啡廳。

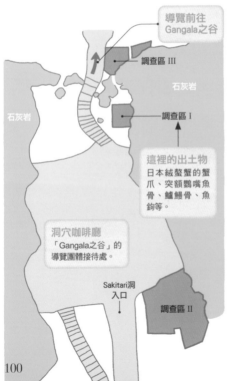

導覽前往
Gangala之谷

調查區 III

石灰岩

石灰岩

調查區 I

這裡的出土物
日本絨螯蟹的蟹爪、突額鸚嘴魚骨、鱸鰻骨、魚鉤等。

洞穴咖啡廳
「Gangala之谷」的導覽團體接待處。

Sakitari洞
入口

調查區 II

洞穴咖啡廳

Sakitari洞入口

考古現場

由沖繩縣立博物館主導進行考古。陸續有重大發現，頗受考古學迷的重視。

從出土物得知的舊石器時代人類生活

在Sakitari洞從約2萬年前的地層，出土多達1萬件的日本絨螯蟹爪化石。日本絨螯蟹是大閘蟹的同類，可能是舊石器人類的食物。其餘還發現鱸鰻、突額鸚嘴魚（圓尾絢鸚嘴魚的同類）等魚骨。從出土物來推測，他們居然是美食家，飲食生活看起來相當健康。

美食主義的舊石器人類

從日本絨螯蟹爪的大小來推測蟹殼的寬度約8cm。專家推測會不會是在螃蟹等候秋季產卵，於最肥美的時期捕捉的。

也有人類的臼齒（智齒）出土。

Check!

沖繩是人類化石的寶庫

沖繩縣陸續有距今約3萬6500年前的山下洞人、約2萬年前的港川人等出土，是人類化石的寶庫。這是因為沖繩的琉球石灰岩會對骨頭進行石化作用並保存下來。外縣市多是由火山灰等堆積而成的酸性土壤，人骨會被蝕溶。

拿著日本絨螯蟹和鱸鰻的港川人想像圖。

世界最古老的魚鉤

發現距今約2萬3000年，世界最古老的魚鉤。將鐘螺科貝類的底部打碎，前端磨成細尖狀。一起發現的還有突額鸚嘴魚和鱸鰻的魚骨，可能是用這些魚鉤釣來吃的。

1.5cm

工具和裝飾品的出土物

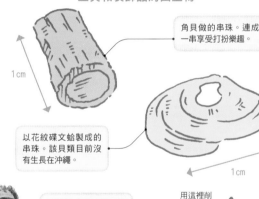

角貝做的串珠。連成一串享受打扮樂趣。

1cm

以花紋碟文蛤製成的串珠。該貝類目前沒有生長在沖繩。

1cm

籬蛤做成的貝器。據推測應是用內凹部分來削東西吧！

用這裡削
↓

2cm

Data
Sakitari洞
☎098-948-4192（Gangala之谷）
地址：南城市玉城字前川202

聚焦於最受歡迎的「黑潮之海」大水槽！

沖繩美麗海水族館

這麼巨大的水槽，從哪邊看起好呢？

有約70種，1萬6000隻魚優游其中的「黑潮之海」大水槽。可以從5個方向來欣賞那令人震撼的畫面。

從後面
美麗海劇場 2樓
「美麗海劇場」會播放以沖繩海洋為主題的影片。放映時間以外，可以從銀幕後方的觀景窗欣賞大水槽。

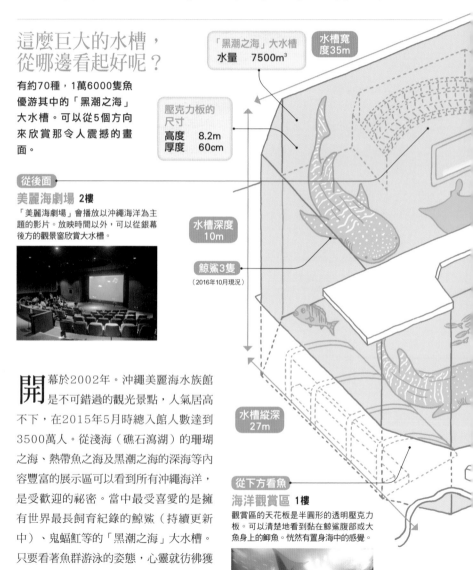

「黑潮之海」大水槽
水量 7500m³

水槽寬度35m

壓克力板的尺寸
高度 8.2m
厚度 60cm

水槽深度 10m

鯨鯊3隻
（2016年10月現況）

水槽縱深 27m

從下方看魚
海洋觀賞區 1樓
觀賞區的天花板是半圓形的透明壓克力板。可以清楚地看到黏在鯨鯊腹部或大魚身上的鮣魚。恍然有置身海中的感覺。

開幕於2002年。沖繩美麗海水族館是不可錯過的觀光景點，人氣居高不下，在2015年5月時總入館人數達到3500萬人。從淺海（礁石潟湖）的珊瑚之海、熱帶魚之海及黑潮之海的深海等內容豐富的展示區可以看到所有沖繩海洋，是受歡迎的祕密。當中最受喜愛的是擁有世界最長飼育紀錄的鯨鯊（持續更新中）、鬼蝠魟等的「黑潮之海」大水槽。只要看著魚群游泳的姿態，心靈就彷彿獲得了療癒。

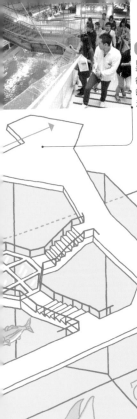

從正上方
黑潮探險（水上遊覽行程）**4樓**
從通過水槽上方的走道往下看，欣賞不同魚群的精彩畫面。1天6～7次，工作人員也會在水上走道進行水槽講解。

11點30分、13點30分起有「黑潮之海」的解說。15點和17點也有鯨鯊餵食秀等解說活動。

「黑潮之海」的生物們

飼育展示數量
約70種
1萬6000隻

最大
鯨鯊
全長約8.6m

最小
雙帶烏尾鮗
全長約20cm

飼育時間最長
鏽鬚鮫
1989年4月10號
～飼育了27年

拍出來的照片像這樣！

從咖啡廳
Ocean Blue
咖啡廳
坐在位於水槽旁的咖啡廳，可以一邊喝飲料一邊悠哉地欣賞魚群。從後方拍攝人物呈剪影姿態的大水槽照片，可以拍到濃淡適宜的清晰照。

從正面 **巨大水槽觀賞區**
坐在水槽正面的專用座位，可以悠哉盡情地觀賞巨大水槽的全貌。

鬼蝠魟4隻
（2016年10月現況）

世界最長！持續更新中的飼育紀錄

沖繩美麗海水族館中唯一有取名字的生物是鯨鯊「Jinta」。Jinta在2016年10月，以21年7個月的時間持續刷新鯨鯊的世界最長飼育紀錄。和2隻母鯊一起優游於水槽中。

Jinta 公鯊
推測年齡　不明
全長　　　8.6m
體重　　　5.5t
嘴寬　　　約1.5m

鯨鯊　英文名稱　Whale shark
屬於鬚鮫目鯨鯊科中唯一的鯊魚。

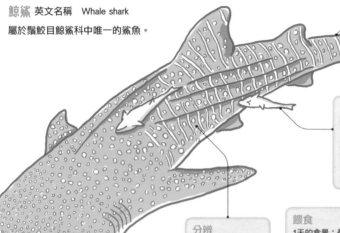

鮣魚
雖然名字中有「鯊魚」（譯註：日文名為小判鮫，鮫是鯊魚之意），但卻不是鯊魚。背上有長條形吸盤，吸附著大型魚吃殘餌。

分辨
拍照，以胸鰭上的白點數量與排列方法進行個體辨認。

餵食
1天的食量：最大約35kg
用餐時間：15點和17點
吃磷蝦或切碎的鯖魚等，1天餵2次。一次同時吸入100L的海水，以名為鰓耙像海綿般的器官過濾食物後，單獨排出海水。

繁殖計畫進行中！

鯨鯊的繁殖知識很少，仍是成謎。在沖繩美麗海水族館，從發現Jinta出現性成熟的徵兆起，開始世界最先的「飼育狀態下的繁殖計畫」。

當初，水槽中有3隻公鯨鯊，首先在2010年用1隻母鯊和水槽中的公鯊做個體交換，接著2012年將留下來的公鯊換成母鯊。現在，水槽中有Jinta和2隻母鯊。持續關注母鯊成熟，靜靜地執行繁殖計畫。

Check!

鯨鯊曾是胎生

雖然鯨鯊的繁殖生態仍是一團謎，但1995年自台灣捕獲的鯨鯊體內，出來300隻以上的幼鯊，首度得知鯨鯊是胎生。然而，不知牠們何時，如何交配，對於懷孕期間也是一無所知。沖繩美麗海水族館的繁殖計畫頗受外界矚目。

MEMO　還有其他更新中的長期飼育紀錄！鏽鬚鮫（1989年4月～）／豹紋鯊（1991年9月～）／低鰭真鯊（1978年6月～）

鬼蝠魟

英文名稱 Alfred manta
燕魟目燕魟科，是世界
最大的魟魚。

世界最先！在水槽內誕生

在沖繩美麗海水族館，有很多生物在水槽內繁殖。當中最受矚目的是鬼蝠魟的誕生。2007年6月，突然開始在水槽內生產。因為仍是館內開放時間，偶然在場的遊客，見識到無比珍貴的畫面。

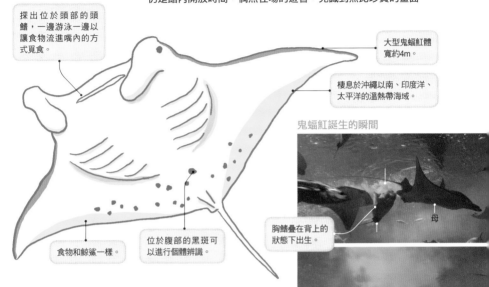

探出位於頭部的頭鰭，一邊游泳一邊以讓食物流進嘴內的方式覓食。

大型鬼蝠魟體寬約4m。

棲息於沖繩以南、印度洋、太平洋的溫熱帶海域。

食物和鯨鯊一樣。

位於腹部的黑斑可以進行個體辨識。

鬼蝠魟誕生的瞬間

胸鰭疊在背上的狀態下出生。

母

馬上游泳

出生後，展開疊著的胸鰭瞬間。因為疊在背上，所以無法優美地揮舞著胸鰭。周圍的白色部分是子宮奶。

從鬼蝠魟生產學到的知識

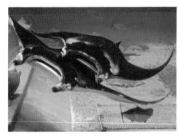

鬼蝠魟的交配
公魟追隨著母魟，咬胸鰭，以腹部接觸的方式交配。

鬼蝠魟的懷孕
懷孕期間約1年，生產數量1隻。在母親肚子內成長時，兩側的鰭交疊在背上，喝子宮奶長大。

鬼蝠魟寶寶
剛出生的鬼蝠魟體寬約1.8～1.9m。

鬼 蝠 魟 和 蝠 魟

到目前為止被當成是蝠魟的一種，近年來，水族館的鬼蝠魟被分類為別物種的鬼蝠魟。蝠魟比較大，棲息於外海。鬼蝠魟就算長到最大也只有約4m，棲息於沿岸。潛水者在沖繩海洋看到鬼蝠魟的可能性比較高。

(Data) ·············

沖繩美麗海水族館
☎0980-48-3748　**地址**：國頭郡本部町字石川424（海洋博公園內）　**交通**：自沖繩高速公路許田交流道下車程約1小時　**費用**：1850日圓　**開放時間**：8點30分～18點30分（3～9月～20點）　**公休日**：12月第一週的週三和隔天

串起島嶼希望的橋梁

沖繩各橋

「**島** チャビ（Shimatyabi）」，意指「離島之苦」，是住在小島艱辛困苦的抱怨詞。沖繩縣有人居住的小島多達49座。主要島嶼是沖繩本島、宮古島及石垣島，對於住在周邊離島的人們而言，藉著橋梁和這些島嶼連接可以解決「離島之苦」。在仰賴定期船班的島嶼上架橋的話，流通層面不僅是以醫療、福利、教育為首的生活基礎設施之提升，對觀光也具加分效果。沖繩縣目前已完成21座離島架橋。

古宇利大橋

`2005年完成` `縣道`

連接屋我地島和古宇利島。這座架橋，自沖繩本島經過屋我地島到古宇利島，汽車可在橋上通行，將古宇利島劃入沖繩本島北度的觀光路線內。

古宇利島 —

從屋我地島眺望古宇利島。古宇利島是周長7.9km的小島。海洋美麗得令人屏息。

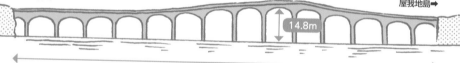

←古宇利島 　　　　　　　　　　　屋我地島→

14.8m

1960m

從古宇利島眺望屋我地島和沖繩本島，橋梁前面有古宇利海灘。

(**Check!**)

新的觀光景點

誕生在古宇利島的觀光景點「古宇利Ocean Tower」。從這裡可以飽覽古宇利大橋架在海上的美景。

🖉 MEMO ｜ 自沖繩本島到離島的架橋，另外還有羽地奧武橋、屋我地大橋、瀨底大橋。

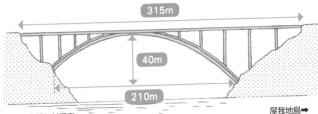

315m

40m

210m

←今歸仁村天底　　　　　屋我地島➡

Warumi大橋
（2010年完成）
（縣道）

連接今歸仁村天底和屋我地島的水泥拱橋。這座橋串起的不僅是名護市，還有本部半島的今歸仁村，擴展觀光路線。古宇利島因為屬於今歸仁村，也提升了島民生活的便利性。

架在地勢險峻猶如其地名Warumi之涵義「裂縫（Wareme）」「缺口（Sakeme）」的跨海大橋。

隨著交通量增加進行平安座海中大橋的擴張工程，1998年完成目前的橋梁風貌。

可以開車經由海中道路前往平安座島，自隔壁的宮城島渡過伊計大橋至伊計島。也可以從平安座島渡過濱比嘉大橋到濱比嘉島。

平安座海中大橋
（1998年完成）　（縣道）

從宇流麻市的與勝半島延伸到平安座島的海中道路，全長約5km。以在平安座島上設置石油儲備基地為契機開始建橋，於1972年完工。用填平淺海的工法興建海中道路，在當中的部分路段架設這座橋梁。海中道路上還架設了1處，長約96m的世開橋。

位於海中道路途中的「海洋休息站Ayahashi」，有當地特產商店和餐廳。

←宇流麻市與名城　　　　　　　平安座島➡

280m

彼岸橋（Niraikanai橋）
（1999年完成）

為了方便通往南城市知念而架設的橋梁。從上面往下坡走，到中途一小段道路為止的是Nirai橋，往前則是Karai橋，通稱Niraikanai橋。橋的高低差約40m。可以從這座絕景橋眺望前方海上的神島·久高島，相當受歡迎。

橋梁的入口隧道上方有觀景台。

從觀景台也能看到久高島和Komaka島。

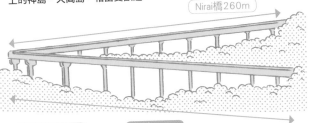

Nirai橋260m

Kanai橋400m　　合計660m

有經過這座橋的話，一定要試試從上面往下坡走的路段。

107

串起宮古島和3座島嶼

宮古島位於沖繩本島以南約280km處。因應住在離島居民的請求，架橋串起位於周邊的伊良部島、來間島、池間島和主島宮古島。提高離島生活的便利性，並加深居民面對突發狀況時的安全感。前往宮古島的旅客，也能搭車一次逛遍3座島嶼。橋上是能飽覽海洋之美的觀光景點，相當受歡迎。

伊良部大橋

2015年1月完工　**縣道**

以全國最長免過橋費而自豪的伊良部大橋。從伊良部島的人們請求架橋活動開始，直到完成歷時41年，是座眾所期盼的橋梁。橋底橫梁內部鋪設有農業用水管、上水道管、電力、NTT電信、光纖，有助於提高離島的生活基礎。

因橋梁完工，前來伊良部島的觀光客遽增。也讓安靜的島嶼開始產生變化。

池間
IKEMA

狩俣

IRABU

SHIMOJI

平良港
Toriba地區

長山

為了讓大型船舶可以通過橋下。

←長山

傾斜度
5%

180m

5%　3%

3%

平良港
Toriba地區

27m

7.6m

全國第 **1**　3540m

與那霸

KURIMA

來間

往伊良部島延伸的橋梁，左右兩邊的海景格外美麗。伊良部島和相鄰的下地島上有佐和田之濱、渡口之濱等海灘，是能享受潛水之樂的廣闊海洋。

池間大橋

1992年完成 **縣道**

從回歸前的1960年代，居民就開始提出請求，歷經30餘年完成。從宮古島的狩俣地區往藍海延伸的橋梁，光是開車經過心情就非常舒暢。

12.8m

傾斜度 3%

←池間　　　　　　　3%　　狩俣➡

1425m

宮古島端的橋旁有觀景處，能飽覽周圍的海洋美景。

從池間島遠眺宮古島。池間島端的橋旁有商店和餐廳。

來間大橋

1995年完成 **產業道路**

從宮古島的與那霸延伸至來間島的橋梁，號稱是全國最長的產業橋。為了讓50噸級的船通過，連中間橋底橫梁的高度都提高。橋上鋪設有從宮古島運送灌溉用水和電力的管線。

←來間　　　傾斜度 5% ←　　　　➡ 5%　　與那霸➡

13.5m

1690m

上／從宮古島的與那霸直線延伸的橋梁。來間島是人口不滿200人的小島。有名為長間濱的美麗海灘。
左／從來間島眺望可以清楚得知宮古島的大小。

MI YAKO

了解沖繩的飲食文化

牧志公設市場

辣油（淋在沖繩麵上的調味料）
島辣椒
苦蕒菜
苦瓜
魁蒿
紅鳳菜
島薤

位於那霸市的第一牧志公設市場，從1948年市政府在開南市公所舊址收容黑市露天攤商發展而成。現在的建築物建於1972年。在建築物周圍蔬菜、水果及藥草等店鋪林立，建築物內販售肉、魚及乾貨的商店比鄰而立。既是受歡迎的觀光景點，也是買伴手禮的好地方，不過這裡原本就是那霸市民的廚房。沖繩的傳統食材齊聚一堂，是可以得知當地飲食文化的場所。就算現在，一到新年或農曆盂蘭盆節前夕，都擠滿了當地人。2樓也設有美食街。

豬頭皮（Chiraga）、豬耳朵（Mimiga）

豬頭皮和豬耳朵。雖然日本境內沒有，但在中國或越南等地，相當普遍。富含膠質的喀喳喀喳口感，令人樂在其中。

➡相關料理 涼拌豬耳朵
川燙後切成細絲，淋上醋味噌拌勻。

三層肉

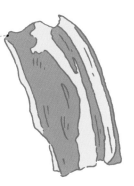

肥肉和瘦肉相間，形成美麗的層次為高級肉品。整塊川燙去油後，切成適當大小後烹煮。連皮一同販售。

➡相關料理 紅燒肉
代表性的豬肉料理。燉煮出來的肉軟嫩到可用筷子夾斷。

排骨（Soki）

帶骨的小排肉、肋排。迅速川燙後，煮到骨肉分離般的軟嫩。會流出鮮美的高湯。

➡相關料理 排骨湯
加了排骨、蘿蔔和昆布燉煮的湯。

豬腳（Tebichi）

豬腳的前端部分。長時間燉煮的話，皮內側的膠原蛋白會變成果凍狀，細緻滑嫩。前腳因為經常活動脂肪量較少。

➡相關料理 豬腳
小火熬煮到膠質軟嫩彈牙。是沖繩關東煮的必備食材。

豬肉除了叫聲以外，應有盡有

最讓外縣市人訝異的是
肉店內齊全的品項。
從很早以前就吃豬肉的沖繩，號稱「除了叫聲以外全部都吃」，
烹調方法琳瑯滿目，從頭到腳，各部位應有盡有。

腰子（Mami）

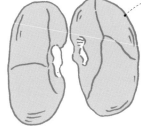

豬腎。從以前起就用來做藥補食材，據說和蔬菜燉煮的話對腎臟病等很好。

➡相關料理 涼拌腰子
相關料理→
去腥川燙好的腰子和花生醋拌勻。

豬雜

豬胃或豬腸等內臟。在沖繩會事先處理去腥乾淨後用來煮湯。

➡相關料理 豬雜湯
用柴魚和豚骨高湯煮成的高級湯品。

山羊（Hijya）

在沖繩山羊肉也很普遍。是補充精力的食材。

➡相關料理 羊肉湯
用魁蒿來降低羊肉的特殊腥味。

豬肝（Chimu）

豬肝。富含鐵質、維生素A、B等。

➡相關料理 豬肝湯
豬肝和蔬菜長時間燉煮而成的湯。體力衰弱時飲用。

將南海珍味製成美食的智慧

在沖繩，魚類大部分用來煮湯、奶油香煎或油炸，比用鹽烤還多。是讓脂肪量少的沖繩魚變得美味的妙用巧思。

海蛇

半環扁尾海蛇的燻製品。用來做成湯品具滋補效果，有益於恢復疲勞，自琉球王國時代起就是珍貴的食材。

➡相關料理 **海蛇湯**
海蛇和蘿蔔、豬腳等小火慢燉的湯品。

褐藍子魚（Eguwa）

本州也看得到的褐藍子魚。小魚名為Suku，用鹽醃漬的產品稱為玻璃褐藍子魚。

➡相關料理 **鹽煮褐藍子魚**
只加鹽做成的煮魚。是能品嚐到鮮魚美味的簡單料理。

雙帶烏尾鮗（Gurukun）

沖繩縣縣魚。日本名稱為高砂。雙帶烏尾鮗、蒂爾烏尾鮗及黃藍背烏尾鮗三種都稱做「Gurukun」。

➡相關料理 **炸魚**
整隻炸得香脆。

軟絲仔

沖繩使用墨魚來做料理，軟絲的墨汁據說特別濃郁。

➡相關料理 **墨魚湯**
在柴魚高湯中加入墨魚汁，具有獨特的濃郁香氣與鮮美味。

河豚（Abasa）

河豚。警覺到危險時會豎起全身的刺。

➡相關料理 **河豚湯**
去皮後連骨頭一起切成塊狀，加味噌煮成湯。

鸚嘴魚

習慣棲息於珊瑚礁海域。魚皮色彩豐富，但肉呈白色。

➡相關料理 **鸚嘴魚拌醋味噌**
直接當生魚片吃也很好，不過沖繩的道地吃法是拌醋味噌。

Check!

前往2樓餐廳！

可以在1樓賣場買魚，到2樓餐廳請人代煮後品嚐。須另外付代煮費用，在那裡可以請人切成生魚片等，能立即吃到美味鮮魚，相當受好評。

水雲（褐藻）

沖繩縣的養殖水雲產量日本第一。沖繩粗水雲中含有豐富褐藻素等有益身體的成分。

➡相關料理 **醋拌水雲**
大多是搭配清爽的三杯醋來吃。也有水雲天婦羅。

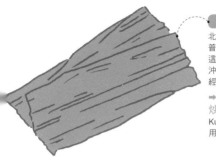

昆布

北海道產的昆布在沖繩變得普遍是在琉球王國時代，從這裡出口到中國所造成。在沖繩不僅用來煮高湯，還是經常會用到的食材。

➡相關料理
炒昆布絲（kubuirichi）
Kubu就是昆布。切成細絲後用油拌炒，加高湯煮入味。

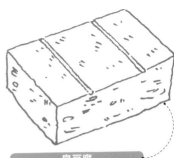

島豆腐

沖繩豆腐是用生榨法製成的，和日本本土的木棉豆腐相比，特色是水分較少，蛋白質和脂肪含量多。倒入大木箱凝固後再分切，因此1丁（豆腐計算單位）豆腐的尺寸會比較大。

➡相關料理 沖繩炒什錦
島豆腐水分含量少適合炒菜。

點綴市場的獨特飲食文化

還有其他各式各樣沖繩獨特的料理或飲食生活中不可或缺的食材。市場簡直是沖繩飲食的樂園。

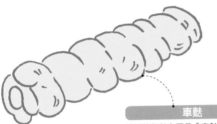

車麩

沖繩的麵麩主要是「車麩」。驚人美味會讓炒來吃的人驚訝地詢問這是什麼。

➡相關料理 麵麩炒什錦
麵麩塊泡在水中回軟，吸飽蛋液後和蔬菜一起炒。這真是絕妙好滋味。

柴魚塊

沖繩料理的特色是「味道香濃」。指的是用高湯做出濃郁口味。沖繩高湯基本上是豬骨高湯和柴魚高湯。製作高湯時，會使用大量的柴魚片。順帶一提那霸市的家庭柴魚片購買量是日本第一，遙遙領先外縣市。

➡相關料理 柴魚片湯
剛感冒時製作。在碗中放入味噌和柴魚片，淋上熱水後飲用。

魚板

沖繩魚板是用蒸、油炸，或蒸好後再炸成的食品。不是放在木板上蒸熟的。用於炒菜等各種料理。紅白魚板會配合重箱（日式多層便當盒）的大小來製作。

黑糖

甘蔗汁煮到水份收乾後製成的黑糖，是含有豐富鈣鉀等礦物質和維生素 B_1、B_2 的健康食品。

➡相關料理　直接用黑糖當成茶點。或用黑糖粉幫甜點或料理提味。

茉莉花茶（Sanpin茶）

沖繩普遍飲用的茶是茉莉花茶。也有保特瓶包裝。據說茶名（Sanpin茶）是取自中國的香片茶（Syaopen）。是茉莉香片（Jasmine Tea）的一種。

（Data）
那霸市第一牧志公設市場

☎098-867-6560（管理事務所）**地址**：那霸市牧志2-10-1 **交通**：從單軌電車Yui Rail的牧志站或美榮橋站徒步約10分鐘 **開放時間**：8點～20點（依店鋪而異）**公休日**：第四週週日、新年、農曆盂蘭盆節等（依店鋪而異）

從戰後復興的地標到觀光門面

國際通

戰前那霸的主街道是與那霸港緊鄰的地區，也就是從現在的國道58號線往海邊延伸。大正9年（1920）沖繩縣政府遷移至目前的泉崎，就必須興建連接縣政府和首里的新路，昭和7年（1932），從縣政府前開始進行工程。

昭和9年完成到安里長1.6km的道路「新縣道」。這是現在國際通的前身。當時雖是人煙稀少的寂靜道路，但戰後，國際通成為荒廢的那霸街道振興指標，鬧區也移到國際通周邊，直到現在。

那霸主街的變遷

戰前，那霸的中心區是東町和西本町（現在的那霸市西）、天妃町及上之藏町（現在的久米）。有那霸市公所，周圍聚集了郵局、百貨公司、那霸市禮堂、商店等，相當熱鬧。然而，1944年的那霸大空襲燒毀了9成的市區。街道也跟著付之一炬。

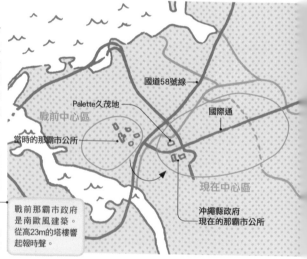

戰前那霸市政府是南歐風建築。從高23m的塔樓響起報時聲。

那霸曾是島嶼

琉球王國時代，那霸是名為浮島的島嶼。不久便興建了從這裡到崇元寺的海中道路（長虹堤）。周圍繼續進行填海造地的海洋陸地化工程，完成目前的那霸市海岸線。

國際通的變化

戰前

1934年

從縣政府到安里的新縣道通車儀式當天。周圍有許多墳墓，是幾乎沒有住家或商店的寂靜道路，僅被當成前往首里的捷徑。

現在

拜訪沖繩的觀光客一定會到國際通。最近也常看到海外觀光客的身影，人車鼎沸至深夜。

戰後

1951-52年

1948年「恩尼·派爾國際劇場」在位於目前牧志的「Tenbusu那霸」落成，相當受歡迎。就此定下「國際通」之名。

1964年

9月，東京奧運的聖火來到回歸前的沖繩。聖火經過國際通。國際通多用來當遊行街道。

1950年代

從1952年起進行拓寬工程，搖身一變成為大樓林立的商業中心區。長度1.6km約是1英里，因此被稱作「1英里奇蹟」。

1960年

東京銀座通連合會送來100株銀座的柳樹苗，種在國際通上。但可惜的是並未存活下來。目前妝點街道的是八重山棕櫚。

金城棟永攝影

這一區

Data

國際通
交通：從單軌電車Yui Rail的縣府前站、美榮橋站、牧志站下車徒步即可

Check!

這裡是歌町新都心

照片中是牧港美軍住宅區。這裡回歸後，形成現在的那霸新都心—歌町。

Keystone Studios攝影

謹守傳統的登窯之火

讀谷燒窯之里

連房式登窯的構造

在讀谷燒窯之里會看到，沖繩稱為「上燒」，為了燒製施釉陶瓷器而建的連房式登窯。利用傾斜的土地，將耐熱磚堆砌成階梯狀後覆蓋泥土製成。燒窯的完成度端看自然與陶工的經驗，極具名為火之藝術的燒陶魅力。

費時3天半燃燒、冷卻則是4天。

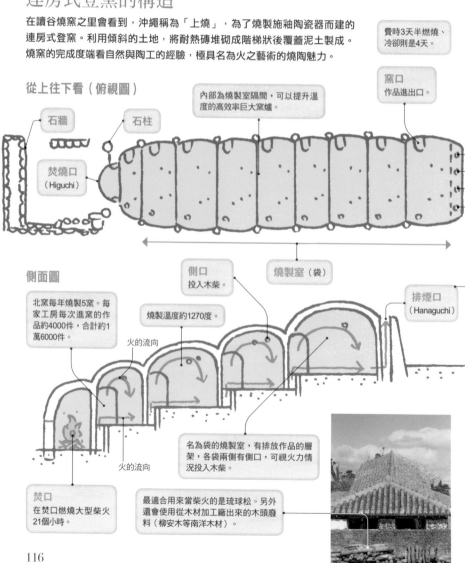

從上往下看（俯視圖）

內部為燒製室隔間，可以提升溫度的高效率巨大窯爐。

窯口
作品進出口。

石牆

石柱

焚燒口
（Higuchi）

側面圖

側口
投入木柴。

燒製室（袋）

排煙口
（Hanaguchi）

北窯每年燒製5窯。每家工房每次進窯的作品約4000件，合計約1萬6000件。

燒製溫度約1270度。

火的流向

火的流向

焚口
在焚口燃燒大型柴火21個小時。

名為袋的燒製室，有排放作品的層架，各袋兩側有側口，可視火力情況投入木柴。

最適合用來當柴火的是琉球松。另外還會使用從木材加工廠出來的木頭廢料（柳安木等南洋木材）。

在曾是美軍未爆彈處理廠的廣大佔地上，有19家工房和大小4座登窯、商店等分布其間。因戰後都市化人間國寶故金城次郎率先將無法在那霸市壺屋使用的登窯遷移至此，還有支援讀谷村的文化

構思，昭和55年（1980），誕生由4名陶藝家共同經營的讀谷燒窯之里。在那裡的工房進修的4位第2代弟子在1992年開設北窯，成為目前沖繩陶器文化的一大據點，頗受矚目。

讀谷燒窯之里的第一代，大嶺實清、金城明光、玉元輝政、山田真萬建造、共同經營的9室連房登窯。位於讀谷燒窯之里的中央處。

Check!

燒窯的建置是共同作業

在外縣市有些工作室是委託專門業者，不過在沖繩是陶工們協力製作。堆砌耐火磚、外側覆蓋上比陶土耐熱度低的土質。在燒製過程中窯會有所損傷，也是自行處理修補作業。

外形優美的酒器（松田共司製作）

善於製作溫潤陶器的北窯

在燒窯之里各自修業的松田米司、松田共司、宮城正享、與那原正守4人獨立創建北窯。繼承前輩們的理念，捏土、採購柴火、經營登窯、販售作品等，共同進行所有事項。

北窯的13室連房登窯

全長	（自焚口到排煙口）24m
寬度	內側3.4m、外側4m
高度	約1.75m
傾斜度	17度

Data

燒窯之里
☎098-958-6494（讀谷村觀光協會）

讀谷山燒北窯
☎098-958-6488　地址：讀谷村座喜味2653-1 北窯共同商店　交通：自那霸機場車程約1小時　開放時間：9點30分～17點30分　公休日：不固定

117

符合南島風土的美麗建築

水泥建築

沖繩建築不單只有覆蓋紅瓦的民家。在沖繩保留了外觀特殊符合當地風土且具歷史背景的水泥建築群。這些個性化建築群大多使用既可遮蔽強烈陽光又通風的鏤空花磚等，工法特殊。原本附近就有琉球石灰岩，再加上這塊土地對石頭的高度親和力所導致的吧！其中位於與那原町的聖方濟各教堂與名護市政廳、舊大宜味村公所廳舍，都是在訴說沖繩水泥建築之美與歷史上，不可缺席的建築物。

聖方濟各教堂（與那原町天主教會）

竣工	1958年
設計	SOM（美國）＋片岡 獻

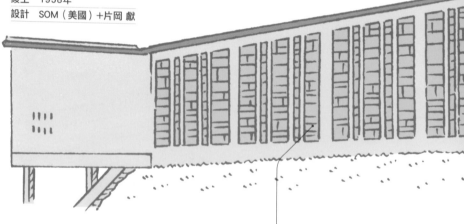

座落於俯瞰與那原市鎮的教堂

從美國方濟嘉布遣會前來上任的Rey主教，在這塊於沖繩戰役中荒廢的土地上，主導興建了這座教堂。設計者是活躍於世界的美國建築事務所，整理出具體方案的是京都出身的建築師·片岡獻。建築費用由美國的教友們捐獻。沒有教堂該有的尖塔，往水平方向延伸的建築物令人備感親切。

花窗玻璃

望向窗外，沿著建築物栽種的棕櫚葉輕輕晃動，可以看到對面大海。

教堂
北面牆壁全是玻璃窗，有些地方鑲嵌著花窗玻璃。是既時尚且明亮的開放式教堂。

Check!

DOCOMOMO JAPAN 150選

為了近代建築的調查與保存而成立的國際組織DOCOMOMO，在日本分部遴選的日本近代建築精選「DOCOMOMO JAPAN 150選」中，沖繩首度獲選上榜。

蝶式屋頂
正對著國道329號線而立的教堂。利用如蝴蝶翅膀般傾斜的蝶式屋頂收集雨水，儲存於地下儲水槽再利用。

鏤空花磚
沖繩建築中常見的鏤空花磚。雖然是為了遮擋陽光，增加通風性而設計，美麗的造型令人留下印象。

使用鋼筋水泥做成的樓梯扶手，充滿歷史感。

雖然現在這裡是玄關，但興建當時俯瞰與那原市鎮的北邊才是正面玄關。

同時興建的修道院建築物隔著庭園而立。

Data
聖方濟各教堂
☎098-945-2355
地址：與那原町與那原3090-5
交通：自那霸機場車程約30分
鐘 費用：免費參觀

住 家 就 要 「 水 泥 屋 」

沖繩縣的住宅，其實95%是鋼筋水泥建築。在日本為全國的平均值是42%，使用鋼筋水泥的比率遙遙領先，是全日本第一。起因是1949年侵襲這塊土地的Gloria颱風。觀測到的最大瞬間風速是64.5m／秒，這個強烈颱風不僅造成一般家庭，連美軍設施都是半毀或全毀。美軍以此為契機推動鋼筋水泥建築，並普及到一般住宅。

119

興建超過90年,沖繩最古老的水泥建築

本島北部的大宜味村舊廳舍使用到1972年為止。施工者是以精湛技術聞名的大宜味木工。現在的村公所位於這棟建築物後方,這裡被用來做村史編輯室。

舊大宜味村公所廳舍	竣工 1925年
	設計 清村 勉
	國家重要文化遺產(建築物)

2樓的塔樓部分是村長室。

從上面看呈八邊形的玄關大廳。

左右兩翼延伸。

畫龍點睛的直立式窗戶。

(Data)
舊大宜味村公所廳舍
☎0980-44-3009 地址:國頭郡大宜味村大兼久157 交通:自沖繩高速公路許田交流道下車車程約1小時 開放時間:9點～12點、13點～17點(平日)

奠定沖繩水泥建築基礎的男子

設計舊大宜味村廳舍的清村勉是熊本出身的建築師。當時,在日本研究尚未發展的水泥,從1920年起著手進行沖繩境內多數的水泥建築。然而,可惜的是現存僅剩舊大宜味村公所廳舍。

對地區開放的市政廳,隨處可見一樓穿堂、百葉窗、鏤空花磚、綠化等遮陽通風的設計。

活用自然的建築物

名護市政廳大量使用半戶外空間與鏤空花磚。據說直到2000年為止就算是盛夏時節辦公時也不開空調。建築物牆壁上設有多座風獅爺,是名護市的守護神。

名護市政廳

竣工	1981年
設計	象設計集團+Mobile工作室

(Data)
名護市政廳
☎0980-53-1212 地址:名護市港1-1-1 交通:自沖繩高速公路許田交流道下車約10分鐘 開放時間:8點30分～17點15分(平日)

面向名護彎而立的風獅爺共有56隻。

水泥建築的代表，墳墓

初次到沖繩的人，會被墳墓的形狀和大小嚇到吧！來看看沖繩的代表性水泥建築物－墳墓。

從中國傳入的龜甲墓

從福建省傳入的龜甲墓，據說是基於仿照女性子宮的「回歸母體」思想。最古老的龜甲墓是位於守里的伊江御殿，建於1685年。一般百姓建造這種形狀的墳墓是明治中期以後的事。

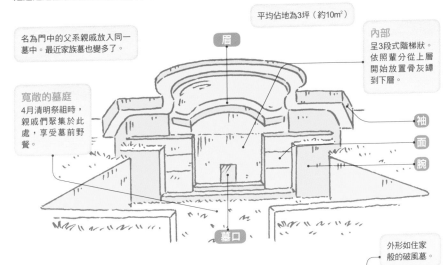

平均佔地為3坪（約10m²）

名為門中的父系親戚放入同一墓中。最近家族墓也變多了。

眉

內部
呈3段式階梯狀。依照輩分從上層開始放置骨灰罈到下層。

寬敞的墓庭
4月清明祭祖時，親戚們聚集於此處，享受墓前野餐。

袖

面

腕

墓口

破風墓起於玉陵

在龜甲墓傳入琉球以前，沖繩直接將遺體安葬在洞窟或岩石遮蔽處。不久，在周圍堆積石頭，挖掘石穴，破風墓的外形由此而生。位於首里的王室陵墓「玉陵」是破風墓的代表性建築。威風凜凜的造形宛如當時的宮殿。破風墓可說是模仿當時住家的產物，現在也依舊相當普及廣泛。

外形如住家般的破風墓。

玉陵建立於1501年。中室安置洗骨前的遺骸，東室（面向墳墓右邊）埋葬國王和王妃，西室則是部分親人。

MEMO 在重視先祖的沖繩，因為墳墓是死後永遠居住的地方，所以要花錢蓋得比活著時的住宅還氣派這樣的觀念根深蒂固。

美國統治琉球時期產生的影響

　　沖繩戰後有某段時期稱作「美國統治琉球時期」。根據1952年4月28號生效的舊金山和平條約，沖繩自此與日本分離，直到1972年5月15號將執政權歸還給日本為止的時期，這段期間，沖繩處於美軍統治下。

　　因為戰後的美國統治時期長達27年，當時的沖繩，汽車靠右側通行，生活型態大多已美國化。其實，在沖繩即便是現在各個地方都還保留有那個年代遺留下來的痕跡。

牛奶盒裝容量不是1L！

　　最貼近生活的例子是盒裝牛奶。如果有機會來到沖繩，一定要到便利店等地確認其容量。日本本土的牛奶絕對是1L裝。但在沖繩，不僅是牛奶，茶或冷飲的盒裝容量應該是946ml。因為是依照美式容量裝填的。美國的飲料單位是「加侖」，牛奶的容量是四分之一加侖。換算成公升的話是946ml。小瓶包裝是473ml，目前仍是這麼使用的。

　　美國化用語依舊存在老一輩的人之間。美軍基地周邊的人們將「冷水」念成「aisu wara」、「鮪魚罐」是「Tona」、「燉菜」是「Suto」、「派對」是「Pari」等。

　　話雖如此，沖繩人們不是一開始就說這種英語。當時有很多工作會和美軍接觸，他們記下從美軍那裡直接聽到的英語，用說慣的母語發音，彼此互相溝

餐桌上常見的美國貨

花生醬厚重的味道頗受沖繩人喜愛，經常用於料理上。

金寶湯（Campbell's Soup）大多是沖繩限定，還有普通分量2罐裝的大包裝。

通稱「鷹牌牛奶」的煉乳。

通。那些話直到現在還留在日常會話中。

　這時他們也學會了歐美風舉止，經歷美國統治時代的人們，有不少人會伸手出來打招呼。是的，握手是打招呼的動作，不知為什麼和身上印有文明開化的人們面對面，有時總會覺得膽怯。

餐桌上的美國貨

　「牛排蛋」、「培根蛋」、「火腿蛋」、「牛肉塊」及「雞蛋三明治」……。沖繩市內得來速餐廳的菜單。就是前述將聽到的英語轉成日式英語的例子之一。

　說到得來速餐廳或許會想像成是位於高速公路休息處的商店，不過沖繩得來速的氣氛相當不同。在美國統治時代，是當地人及美軍開車過去吃飯的餐廳，主要提供牛排或漢堡等西洋料理外，還有中國菜、日本菜與沖繩料理。

　餐廳分布在美軍基地多的沖繩本島中部，現在美軍已離開，成為具當地口味的美式大眾餐廳，融入在地生活。舉例來說如「火腿起司三明治」……。

　麵包不是用吐司機，而是放在鐵板上烤，同時用奶油煎火腿和雞蛋。完成後再夾上番茄切片和洋蔥。熱呼呼的拿都拿不住，要用刀叉切來吃。和便利店等處賣的冷三明治風味截然不同，可說是厚重濃郁的美國味。

　美乃滋沙拉醬是油脂含量高的美製「EGGO」、牛排醬是酸味強烈的「A1醬」。每一種都是日本本土少見深具當地特色的風味。

在縣內的牛排店，一定會放這瓶。

「EGGO」美乃滋酸味明顯，適合做馬鈴薯沙拉。

「BEST FOODS」的美乃滋酸味較淡，適合做三明治。

得來速保留這樣的料理，據說是因為多數創業者在回歸前的基地內部餐廳開業，這樣的口味便代代相傳至今。在基地內也曾吃過以美式作法煮成的中國菜，所以得來速餐廳的菜單上也有廣東菜的炒雜燴。

沖繩境內不僅是這樣的商店，在停車場停車時，有不少人不倒車入庫，而是從車頭入庫。這也是受到美國文化的影響，為了防止犯罪，不讓停車格內的車子暴衝，特地擋住車頭。沖繩也直接沿襲了這種美國作風。

飲食中不可少的豬肉

說到對沖繩縣民最具影響力的美國文化，冷肉（以下稱午餐肉）當之無愧。

雖說是午餐肉，其實是用豬油固定住碎肉的食品。原本是第二次世界大戰時常見的野戰攜帶肉品。高脂肪、高鹽分、高蛋白的罐裝食品，不用煮馬上就可以吃，簡直是專為戰爭而製。

在沖繩戰後美軍帶來的食品，立刻在民間普及起來。順帶一提，這些商品在沖繩的消費量占日本進口量的9成，算是當地的重要禮品。

把煎好的午餐肉放在荷包蛋上的「豬肉蛋」是沖繩食堂的固定菜色。除了用煎的，還會加在味噌湯中當配料或夾在飯糰裡等。雖說愛吃午餐肉和縣民喜歡豬肉有關，但也許不單是如此。在高溫多濕的沖繩耐保存的罐頭是最適合端上餐桌的食材，不是嗎？

自古以來，沖繩的傳統就是不抗拒任何事物，都先接受，沒多久就成為自己的一部分。這樣看來，午餐肉變得普遍的理由，應該是源自這樣的傳統吧！

在沖繩說到巧克力，就是好時（Hershey's）。

午餐肉罐頭幾乎由照片中的荷美爾（Hormel，美國）和丹麥的三花（Tulip）這2家公司獨佔。

飯店的自助式早餐中常見的什錦水果。

第 **4** 章

到沖繩本島的更南端。
前往周圍海洋格外美麗的閃亮島嶼吧！

離島集錦

出發到更南端旅行吧！

充滿魅力的島嶼

八重山諸島

竹富島 ➡P.136

面積　5.46km²
周長　約9.2km
人口　361人
交通：自石垣港離島港口搭船約15分鐘。
Ⓧ有
詢問處：A

西表島
➡P.128

面積　289.28km²
周長　約130.0km
人口　2428人
交通：自石垣港離島港口搭船到大原港約35分鐘，到上原港約40分鐘。
Ⓧ有
詢問處：A

鳩間島

面積　0.96km²
周長　約3.9km
人口　43人
交通：沒有從石垣島出發的直達船班。石垣島和西表島上原港間的部分船班會經過鳩間島。從上原港出發約15分鐘。
Ⓧ無
詢問處：A

石垣島 ➡P.133

面積　222.63km²
周長　約162.2km
人口　4萬9141人
交通：自那霸機場搭機約55分鐘。也有從羽田、大阪（關西機場）、名古屋（中部機場）出發的直達班機。
Ⓧ有
詢問處：石垣市觀光交流協會
☎0980-82-2809 石垣市企劃部觀光文化課
☎0980-82-1535

鳩間島

石垣島

小濱島

西表島

竹富島

黑島

上地島
新城島
下地島

小濱島 ➡P.139

面積　7.84km²
周長　約16.6km
人口　732人
交通：自石垣港離島港口搭船約30分鐘。
Ⓧ有
詢問處：A

黑島 ➡P.138

面積　10.02km²
周長　約12.6km
人口　216人
交通：自石垣港離島港口搭船約30分鐘。
Ⓧ有
詢問處：A

新城島

面積　上地島1.76km²
　　　下地島1.58km²
周長　約11.0km
人口　上地島12人
　　　下地島2人
交通：和石垣島間沒有固定班次，所以必須參加離島觀光團。
Ⓧ無
詢問處：A

與那國島

與那國島 ➡P.140

面積　28.91km²
周長　約28.6km
人口　1690人
交通：自石垣機場搭機約30分鐘，1天3班來回。自那霸機場搭機約1小時30分鐘，1天1班來回。自石垣港搭快艇約4小時，1週2班。
Ⓧ無
詢問處：與那國町觀光協會
☎0980-87-2402

波照間島

波照間島 ➡P.141

面積　12.77km²
周長　約14.8km
人口　506人
交通：自石垣港離島港口搭高速船約70分鐘、搭快艇約2小時。
Ⓧ無
詢問處：A

●詢問處 A：竹富町觀光協會　☎0980-82-5445、竹富町商工觀光課　☎0980-82-6191

縣內約有160座島嶼，當中49座島有人居住。就算說真正的沖繩在離島，一點都不過分，這裡每座島都充滿魅力。以下將介紹宮古諸島、八重山諸島及南北大東島。

宮古諸島

伊良部島・下地島

面積　伊良部島29.10km²
　　　下地島9.54km²
周長　約63.7km（包括下地島）
人口　伊良部島5208人
　　　下地島103人
交通：自宮古機場經伊良部大橋車程約30分鐘。
🈳無
詢問處：B

水納島

面積　2.15km²
周長　約7.2km
人口　5人
交通：沒有固定班次。從多良間島包船前往約20分鐘。
🈳無
詢問處：多良間村觀光振興課
☎0980-79-2260

多良間島

面積　19.75km²
周長　約19.0km
人口　1174人
交通：宮古島搭機約25分鐘，1天2班來回。自平良港搭快艇約2小時，1天1班來回。
🈳無
詢問處：多良間村觀光振興課
☎0980-79-2260

宮古島 ➡P.132

面積　159.26km²
周長　約117.5km
人口　4萬8152人
交通：自那霸機場搭機約45～50分鐘。從東京直飛約3小時20分鐘。也有從大阪（關西機場）出發的直飛航班。
🈳無
詢問處：B

大神島

面積　0.24km²
周長　約2.3km
人口　26人
交通：自宮古島的島尻漁港搭船約15分鐘。
🈳無
詢問處：B

來間島

面積　2.84km²
周長　約9.0km
人口　167人
交通：自宮古機場經來間大橋車程約30分鐘。
🈳無
詢問處：B

池間島

面積　2.83km²
周長　約10.1km
人口　604人
交通：自宮古機場經池間大橋車程約40分鐘。
🈳無
詢問處：B

南大東島 ➡P.142

面積　30.57km²
周長　約21.2km
人口　1283人
交通：自那霸機場搭機約70分鐘、自那霸市泊港搭客貨船約15小時。
🈳無
詢問處：南大東產業課
☎09802-2-2001

北大東島 ➡P.142

面積　11.94km²
周長　約18.3km
人口　575人
交通：自那霸機場搭機約70分鐘、南北大東島間搭機約15分鐘。自那霸市泊港搭客貨船約15小時。
🈳無
詢問處：北大東村經濟課　☎09802-3-4001

高山、瀑布、河川、大海，俯拾皆是自然景觀

西表島

島上多是山岳地形，從山頂到海岸附近亞熱帶樹木繁密茂盛。這片樹木腳下的大地，蓄滿降雨量豐沛的雨水，成為全島的巨大水瓶。滿溢而出的水量形成大小合計超過40條的河川，在險峻的地形處可見到瀑布。河口紅樹林群生，富含山區礦物質的河水流入大海，滋養著珊瑚礁和海洋生物。西表島從山上到海洋的連續生態系統，不被中斷地保存下來相當珍貴。

海灘

雖然這片白色沙灘幾乎是由珊瑚礁或貝殼碎片所組成，但位於浦內川河口的月濱是由細緻的河砂所形成。位於島上北部的星砂之濱（左圖照片），混雜有星星狀的細沙。

星砂的真面目是名為有孔蟲的單細胞生物遺骸曬乾後的物體。

瀑布

可以看到許多大大小小的瀑布，但大多是無名瀑布。被選為日本百大瀑布的Mariyudu瀑布，或是位於上游的Kanbire瀑布、Mayagusuku瀑布、Pinaisara瀑布（右圖照片）及Sangara瀑布等都很有名。

海洋

擁有豐富的珊瑚礁。包括西表島的所有八重山諸島，經確認約有360種珊瑚。尤其是西部崎山地區的海洋，有整片廣闊的美麗珊瑚礁。

西表島

大原港

汽水域（河口鹹淡水區）的紅樹林

紅樹林的規模為日本第一。在浦內川、仲間川、Siira川（右圖照片）、Maira川的河口，有遼闊的紅樹林景色。

西表島的紅樹林

紅樹林不是該種植物的名稱，而是生長在河川下游或河口等受到海潮強烈影響區的植物總稱。和長於高山的植物通稱「高山植物」的説法相同。世界上約有115種的紅樹林植物，在日本為人所知的有7種，西表島上都看得到。

山區和森林

島上中央有高300～400m的群山連綿，最高峰是古見岳（469m）。以沖繩裡白樫等山毛欅科的植物為主，參雜著筆筒樹或山露兜等熱帶和溫帶區植物。

河川

以觀光客到訪的浦內川、仲間川為首，有Kuira川、Yutsun川及Shira川等大小河川。浦內川全長約39km，是沖繩縣最長的河流。這裡經確認有400種以上的魚類，被譽為是日本第一，種類多樣且豐富的河川。

紅樹林的生長地區與外觀分辨法

紅樹林植物依種類有不同的耐鹽性，排鹽機制佳的長在靠海處，反之則長在陸地附近，其生長地區大致可區分為此。另外，為了預防根部腐爛長出名為「呼吸根」，形狀特殊的樹根。依呼吸根的形狀來分辨樹種也是重點之一。

A 海欖雌

耐鹽性最強。葉上有名為鹽腺的器官，可以排出結晶後的鹽分。

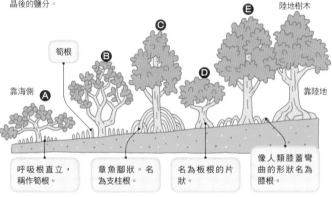

呼吸根直立，稱作筍根。

章魚腳狀。名為支柱根。

名為板根的片狀。

像人類膝蓋彎曲的形狀名為膝根。

B 杯萼海桑
只在西表島上的東部地區看得到。

C 紅茄苳
最常見到的種類之一。

D 水筆仔
具耐寒性。

E 木欖
最靠近陸地的樹叢種類，在西表島上可以看到很多。

木欖花
花萼的部分呈紅色，因此又稱為紅花樹。

胎生苗

只有木欖、水筆仔和紅茄苳的樹上會有名為胎生苗的特殊胚芽垂下。胎生苗是種子發芽長成樹苗形狀的嫩芽，從母樹掉落後隨著潮水拓展繁殖地區。

頂端是山貓的
島之宇宙

西表島的生物，因地理因素比起本州或北海道，有更多東南亞等地的南方物種。位於食物鏈頂端的西表山貓和大冠鷲，喜歡海岸、紅樹林、溪流及溼地等各式環境交雜的多種地區，這是因為光靠環境數量就能捕食到更多動物種類。在互相捕食、被捕的關係中，維持島上生物界的生態平衡。

A 西表山貓
全世界僅棲息在西表島上的野生山貓，存活數量據說約100頭。位於西表島的食物鏈頂端，以生存在島上的鳥類、昆蟲等各種生物為食，是國家的特別天然紀念物。

Check!

從西表山貓的糞便得知

吃了這些東西！
- 鳥翅和骨頭
- 蜥蜴或蛇的鱗片
- 魚鱗
- 螃蟹或蝦子的殘渣
- 青蛙的骨頭
- 老鼠毛
- 蝙蝠毛
- 蟋蟀等昆蟲的腳或頭
- 禾本科等植物

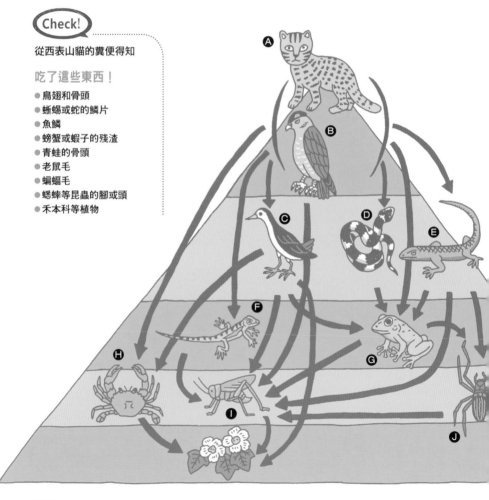

發現新昆蟲物種的西表島

據說地球上有命名的生物有170萬種，當中的100萬種是昆蟲類。而沒有命名的新昆蟲物種居然是這些數量的10倍以上。在西表島進行昆蟲調查，每次都能發現新物種。壓倒性的數量和種類令人自豪。而且，聽說生命史上最先從海洋登陸的生物，就是昆蟲的祖先，因此地球也可說是「昆蟲之星」吧！

寬腹斧螳

B 大冠鷲
和西表山貓並列位於這座島上食物鏈的頂端，食物屬性幾乎一樣。屬於南方系的猛禽類，八重山諸島為其分布的北界。大小約和老鷹相同，是國家的特別天然紀念物。

C 鳥類
可以觀察到整年住在島上的留鳥，和春秋才飛過來的候鳥等許多種類。依種類食物各不相同，像紫鷺的大型鳥可以吞下整條蛇或整隻青蛙。白腹秧雞則是眾所皆知的西表山貓主要餌食。

D 蛇類
西表島棲息著10種蛇類。不僅以青蛙或老鼠為食，還有專吃蝸牛的琉球鈍頭蛇、只吃蚯蚓的先島青蛇等。

F 先島攀木蜥蜴
在樹上休息，像變色龍般會改變體色，以小型昆蟲或蜘蛛為食。先島攀木蜥蜴和蛙類一樣，位於食物鏈的重要位置。

G 蛙類
是西表山貓其他多種生物的餌食，但也以昆蟲或蜘蛛等小型生物為主食。蛙類位於維持食物鏈平衡的重要位置。

H 蟹類
是西表山貓或肉食性鳥類的重要餌食。棲息在沼澤沿岸山地的中型仿相手蟹，主要以落葉等植物為食。在退潮後的泥地上出現的多數蟹類，僅吃泥中的有機物質。

I **J**

昆蟲類和蜘蛛類
昆蟲類和蜘蛛類支撐著食物鏈底部。有肉食性和草食性兩種，昆蟲中也存在著食物鏈。蜘蛛全是肉食性，大型的橫帶人面蜘蛛也會捕食被蜘蛛網黏住的小型鳥。

吃著端黑蟬的八重山長腳蜂。

E 岸之上蜥蜴
體長約40cm是日本最大的蜥蜴。除了小昆蟲外，也吃青蛙或15cm長的大蜈蚣。

吸取花蜜的虎斑蝶。

徹底比較二大觀光據點島

宮古島和石垣島

宮古島是琉球石灰岩形成的「低島」

宮古諸島的主島。由宮古島全區和伊良部島、下地島、池間島、來間島及大神島組成宮古島市。宮古島是琉球石灰岩形成的平坦島嶼，最高海拔是113m。

波布蛇　無

雖然宮古島上現在已經沒有波布蛇，但有發現波布蛇的化石。在曾與陸地連接的時代，也有波布蛇棲息於此地。不過，可能是某種原因導致牠們絕種。

鳳梨　無

牛　宮古牛

島上無山的原因

在琉球石灰岩的島上沒有高山是因為琉球石灰岩具透水性。雨水完全滲入地面下，很少會在地面上漫流形成河川。因此河谷地形不發達，形成平坦的土地。這座擁有沖繩特色的島嶼，被稱作「低島」。

島上語言大不同！

宮古島用語
謝謝（Arigato）➡ Nandeigatandei
歡迎光臨（Irassyai）➡ Nmyachi
美麗（Kirei）➡ Aparagi

── 113m

西平安名岬　　**宮古島**　　東平安名岬

宮古守警察人像
島內共有19具。全是兄弟。不眠不休地站崗，防止交通事故發生！

宮古島有地下水庫

沒有河川，自古以來即為乾旱所苦的島嶼，在1998年完成世界首座地下水庫。在地下打造擋水牆，將流入大海的地下水擋在地底下，做為農業用水。地下水庫的完成提高島上的農業效率。

位於地下水庫資料館附近的地下水庫水位觀測設備。

比較 **1** 觀景點
琉球石灰岩造成的雄壯景觀

宮古島和沖繩本島南部的島尻層同為琉球石灰岩所組成。東平安名岬是琉球石灰岩因地殼變動隆起而形成的。寬約150m，長約2km的岬角面海直線延伸而出的雄壯景觀，吸引大批觀光客前來欣賞。

東平安名岬

位於那霸以南的島嶼名為「先島」。有以宮古島為主島的宮古諸島，和更南端以石垣島為主島的八重山諸島。海洋與天空更加澄澈，陽光強度增加1成的南部各島。從飛機上往下看，宮古島相當平坦，石垣島則有凹凸不平的山丘。就算同為沖繩島嶼姿態也各不相同。以下將比較並介紹先島上兩座受歡迎的主島。

石垣島是古老地層的「高島」

八重山諸島的主島。石垣市由1島所組成。以沖繩縣最高峰的於茂登岳（海拔526m）為首，300～400m的小山丘自島中央連綿至北部，屬於「高島」。

和山原一樣

石垣島與奄美大島、沖繩本島北部一樣，島中央山地是數千萬年前起就不曾沉入海洋的陸地。這座地層古老的島嶼，也是岩石種類多，充滿地質學樂趣的小島。

石垣島用語
謝謝（Arigato）➡ Nifuaiyu
歡迎光臨（Irassyai）➡ oritori
美麗（Kirei）➡ aparisyan

Paeagle
石垣市公認的吉祥物。

波布蛇	有
鳳梨	有
牛	石垣牛

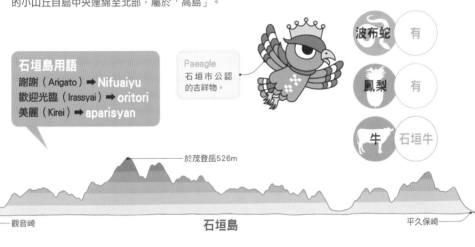

於茂登岳526m

觀音崎　　　　　石垣島　　　　　平久保崎

石垣島上的水庫　多山的石垣島水量豐富。島上設有5座水庫。

川平灣

比較 1 觀景點

染上深淺不同藍色的川平灣

代表石垣島的風景名勝。曾被岡本太郎評比為「畫筆難以描繪」的藍色漸層，會依太陽的位置改變光芒。江戶時代，新井白石寫的《南島志》中也有提到「河平碼頭」。從觀景台眺望出的美景雖然很有名，但自港灣南邊看出去的景色也相當宜人。

133

宮古島

比較2 海洋

驚人的透明度！宮古島海洋

沒有河川，不會有生活用水流入，宮古島周邊的海洋透明度相當高。想要盡情享受這片美麗的海洋，推薦與那霸前濱和砂山海灘。沙灘上乾爽的粉沙令人驚艷。生物豐富的吉野海岸或新城海岸則是有趣的浮潛點。

擁有美麗白沙的與那霸前濱。

比較3 潛水 潛入海底地形

在宮古島潛水的特色之一是，精彩的海底地形。伊良部島、下地島周圍可以在海中看到琉球石灰岩島嶼才有的侵蝕或下陷地形，能享受到光線照入複雜地形產生的神祕潛水感。

在神祕的通池中潛水。

比較4 傳統儀式

特殊祭典

全身都被沾滿井中污泥的藤蔓纏住的神明，「Pantu」到處在人們身上塗泥巴，是島尻地區的傳統儀式。從宮古島搭船約15分鐘的大神島，自古就被尊為神之島。

Pantu
塗泥巴喔～

地區觀光人數：2015年約50萬3000人

比較5 觀光 伊良部大橋造成觀光客大增

2015年1月開通的伊良部大橋帶來的成效是，前往宮古島的觀光客人數增加。從台灣來的觀光船也會在此靠岸。

伊良部大橋

Otori是傳統文化？

「Otori」是宮古島流傳下來的傳統習慣。在人數多的宴席上，從莊家開始發言致意，依序傳遞酒杯喝酒的習慣。傳聞多虧這項傳統文化，宮古島的人都很會演講。

以環保先進島嶼為目標

2008年，發起以維護地下水、保護珊瑚礁、活用資源、打造沒有垃圾的島嶼為宗旨的宮古島，宣告要成為「Eco Island宮古島」。推動建構島嶼型低氧系統等先進挑戰，以永續發展的Eco Island為目標。

頗受浮潛者歡迎的米原海灘。

比較 2 海洋

從海水浴場到浮潛 都能盡興

離機場很近的白保海域,有廣闊延伸的珍貴藍珊瑚群體。島嶼北側的米原沙灘海中也有枝狀珊瑚的據點,是浮潛者的樂園。如果要去海水浴場,推薦有救生員的日落海灘(Sunset Beach)、底地海灘、真榮里海灘。

比較 3 潛水

可以看到令人憧憬的鬼蝠魟!

石崎附近有鬼蝠魟的聚集點「Manta City」,運氣好的話一次可以看到好幾隻鬼蝠魟。據說這裡是鬼蝠魟的清潔站,為了讓小魚吃掉黏在身上的寄生蟲等而聚集於此。

遇見鬼蝠魟的機率很高

白保豐年祭

比較 4 傳統儀式

豐年祭盛行

以市中心的4處村落舉辦的「四個字豐年祭」為首,保留自古以來在白保、宮良、大濱、川平等村落舉辦豐年祭的例行活動。農曆盂蘭盆節的Angama相當有趣。

地區觀光人數:2015年 約110萬6000人

比較 5 觀光 日本最南端的都會區

2013年,以新石垣機場的啟用為契機一口氣增加不少觀光客。就像島上居民對「也會塞車喔!」這種現象的莫名自豪,市中心的人車數量出乎意外地多,呈現日本最南端的小型都會樣貌。使用當地素材的料理或新商品開發也很盛行。

想品嚐石垣牛

其他令島上自豪的事物

藝人島

以石垣島為中心的八重山地區,是沖繩縣最多藝人的產地。除了常見的歌唱及舞蹈者,BEGIN或夏川里美外,還有很多來自島上的傳統歌者。

石垣島是聯合國

有明治時代從四國來的製糖相關人員、也有戰前從台灣來的移民者。石垣島自古以來就有接納外地人的歷史,號稱「聯合國」的自由氣息充滿魅力。

想取名爲風獅爺王國

竹富島

風獅爺是守護神

沖繩稱獅子像為「風獅爺（Shisa）」。源自古代東方的獅子像，從中國傳入沖繩。值得一提的是和日本神社的狛犬起源相同。最初的形象是守護村落的獅子，明治以後，民宅屋頂普遍鋪設紅瓦，開始出現灰泥風獅爺。公共設施入口處則設置阿吽風獅爺像。

風獅爺

龐克風獅爺

雙球風獅爺

風獅爺的臉
聽說是以前的人想像從沒見過的獅子臉，再加上牙齒、角和鬢毛而製成。現在則多加了製作者的玩心，做出表情豐富的風獅爺，經常有人說「風獅爺的臉長得像製作者」。

是誰製作的？

原本是鋪屋瓦的工人，帶著工程回禮的心意，用剩下的瓦片和灰泥做好後放在屋頂上。就算強烈颱風來襲，屋頂瓦片依舊文風不動，得以證明工匠的好手藝。風獅爺也有工匠宣傳自家本領的意思。

俯臥風獅爺

垂眼風獅爺

從石垣島搭高速船前往只要15分鐘。竹富島被指定為國家重要傳統建築物群保存地區。島上人們守護的是，令人懷念的琉球村落型態。在鋪滿珊瑚碎片的潔白道路兩旁，早期流傳下來的沖繩民房，並立於寬敞的住宅用地上。九重葛自石牆蔓延而下。一抬頭，應該會和鎮守在紅屋瓦上的風獅爺視線交會，每一座的樣貌都充滿個性相當可愛。風獅爺是竹富島不可欠缺的景觀，邊看著風獅爺邊在島上散步也非常有趣。

竹富島有100座以上的風獅爺！

踩球風濕爺

忠犬風獅爺

鬃毛風獅爺

叼魚風獅爺

島上風獅爺的起源
竹富島最早的紅屋瓦住宅是建於明治38年（1905），位於仲筋村落的東金城家。然而，東金城家直到昭和61年（1986）整修為止，都沒有放風獅爺。現存最古老的風獅爺是昭和30年代製作的。可能是昭和62年被指定為街道保存地區後，風獅爺才多了起來。

名牌牛誕生地

黑島

呈心形的黑島，是擁有超過10倍人口，約3000頭牛的「牛之島」。在島上養育母牛使其產下小牛，照顧7～9個月直到小牛體重超過200kg後拍賣出售。島上共125戶，當中有58戶從事畜牧業，返鄉工作的年輕人也很多。

餵食富含礦物質的牧草養育出優質牛隻。

島上出身的年輕人返鄉，致力養育肉牛。

黑島成為牛之島的原因

島上是珊瑚礁石灰岩的岩盤地質，不適合農作。在艱辛的日子中等到回歸日本後，導入穩定器工法，將堅硬的岩盤打碎後混入泥土，形成草地。再進行牧草地的整頓工程，振興畜牧業。

黑島產的小牛出貨後，在日本各地的牧場養肥到700～800kg後，掛上神戶牛或宮崎牛的品牌。

一年一次的牛祭典

每年2月最後一週的週日是「黑島牛祭」。祭典上有現場抽獎和整日精彩活動。大會抽中的優勝者可以獲得整頭牛！

和鬥牛拔河

還有烤牛肉

現場表演相當熱鬧

去看活力充沛的阿嬤們

小濱島

位 於八重山群島中央的小濱島，誕生新的島嶼之寶引起話題。平均年齡84歲的「小濱島阿嬤合唱團」，簡稱KBG84。入團條件是80歲以上。出道發行CD的阿嬤們，充滿活力的祕密是？

成立的契機是？

成立於2001年。島上的老年志工團體「Ufudaki會」，為了提振獨居女性老人的精神，在餐會上請阿嬤們來談談自己的「初戀」。結果討論得相當熱烈，還想到要拍攝80歲的結婚照。拍攝時開始自然地唱歌跳舞起來，順勢站上島上的祭典舞台，趁此成立了合唱團。

雖然有點不好意思，但很開心～

傳説中的KBG84
- 入團條件是80歲以上（70歲起是見習生）
- 平均年齡是84歲
- 最高年齡是98歲
- 目前約有35名團員
- 2015年的正式出道曲是「Come on and Dance小濱島」
- 遠登上BBC的SNS網路新聞
- 獲頒三得利（Suntory）地區文化獎
- 2016年選拔團員到新加坡公演！

果然大家一上台絲毫不怯場，台風穩健。和團員一起唱歌跳舞，阿嬤們越來越有活力。

KBG84的入團條件
- 女性
- 小濱島居民
- 歌聲好壞不拘

前往村落的筆直道路被稱作「Sugar Road」，左右兩邊是連綿的甘蔗田和牧草地。

在80歲的入團儀式上，穿婚紗拍攝紀念照。由合唱團負責人，住在島上的創作歌手·Tsuchida Kikuo扮演新郎一職。

MEMO 成為2001年播出的NHK晨間劇「水姑娘」的舞台，小濱島一舉成名。

沉睡在海底的巨石文明傳奇

與那國島

位於日本最西邊的與那國島。雖然遠離那霸650km，但距離台灣只有100km。戰前和台灣交流頻繁的這座島嶼，有潛水者夢寐以求的潛水景點。就是位於島嶼南側的海底遺跡。這是古代巨石文明的遺跡嗎？

屹立於島嶼東南岸海邊的立神岩。其他還有軍艦岩、Sanninu台等巨石名勝。

在島嶼東邊的東崎，可以看到馬匹悠哉休息的身影。前面是向海延伸的陸峭斷崖。

琉球大學海底調查團，古代史研究家葛瑞姆・漢卡克（Graham Hancock）等人進行潛水調查。

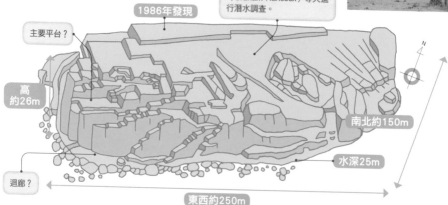

1986年發現

主要平台？

高約26m

南北約150m

水深25m

迴廊？

東西約250m

是人工物體嗎？

在島嶼南側的新川鼻海底，1986年由當地的潛水員發現並命名為「海底遺跡」。經由在此進行潛水調查的琉球大學木村政昭名譽教授確認看起來像是人為製造的箭孔、環狀迴廊、排水溝等，提及有可能是人工物體。

根據木村名譽教授的說法⋯

距今1萬年前，在海面比現在低40m左右的時代，會不會是陸地上打鑿岩盤製成的物體？因海平面上升而沉入海底至今？

撇開是否為人工物體，這樣的潛水景點是他處所沒有的。在海中居然有這麼大的物體，實在令人驚訝，請一定要實際潛入海底用眼睛確認！

落在最南端島嶼的星星

波照間島

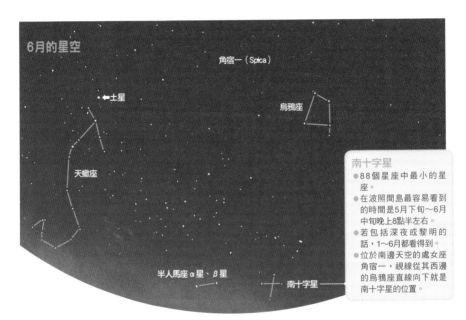

6月的星空

角宿一（Spica）

←土星

烏鴉座

天蠍座

南十字星
- 88個星座中最小的星座。
- 在波照間島最容易看到的時間是5月下旬～6月中旬晚上8點半左右。
- 若包括深夜或黎明的話，1～6月都看得到。
- 位於南邊天空的處女座角宿一，視線從其西邊的烏鴉座直線向下就是南十字星的位置。

半人馬座 α星、β星

南十字星

波照間島是最南端有人居住的島嶼。這座小島的魅力是海洋與天空。Nishi濱海洋之美被譽為八重山第一。還有傍晚時分遍布天空的滿天星斗。掛在天上如雲朵般的銀河。體驗籠罩在「繁星宛如落下般」的沉靜小島夜晚。

島上相傳的星星名稱與傳說

Ninanatsu＝北斗七星

2月傍晚時分，從西表島和小濱島間的水平線上，出現北斗七星斗形前端2顆星星的話，就要撒下小米或麥的種子的時節。

Bepusu＝半人馬座 α星、β星

半人馬座α星、β星在水平線上並列出現的話，表示梅雨季過後大浪趨於平靜，可以出海補撈鰹魚。

Murubushi＝金牛座的昴宿星團

Tatasubushi＝獵戶座的三顆星

Ninufuabushi＝北極星

波照間島的觀星塔

屋頂有開合式的圓頂，設置200mm的折射望遠鏡，夜晚8點30分起（冬季是8點10分起），屋頂上有星空導覽。利用包團接送比較方便。

位於島嶼北邊的Nishi濱，美麗得令人屏息。

獨樹一格·充滿個性魅力

南大東島·北大東島

從新幾內亞附近移動過來

在大約4800萬年前誕生於新幾內亞附近的火山島，沿著菲律賓海板塊移動，經過漫長歲月形成目前的大東島。是不曾和陸地或其他大陸相連過的稀有島嶼。

未來
因為1年內移動數cm，或許會在300萬年後沉入琉球海溝。

數千年前
大致是與現在地形相同的狀態。

約600萬年前
因板塊變化從沉降轉為隆起。

一邊隆起一邊往西北移動，南北大東島在海面上現身。

約4200萬年前
移動到現在的帛琉群島附近。因板塊彎曲海底變深，火山島漸漸下沉，只有珊瑚礁部分露出海面。

約2500萬年前
到達沖之鳥島的南邊。形成環礁。

約4800萬年前 在這附近生成。

南北大東島
沖繩本島
沖之鳥島
楚克群島
赤道
新幾內亞

直到1900年為止都是無人島

南大東島在那之前都是無人島，最先登島的是明治33年（1900）時的23位開拓者。響應八丈島的企業家·玉置半右衛門的呼籲而來。之後玉置商會在島上進行拓荒。初期有很多八丈島的人過來，接著來自沖繩的移居者增加，產生混合了八丈島和沖繩的獨特文化。

以醃土魠魚捏成的大東壽司是當地名菜。

連綿無際的甘蔗田。

有很多人在颱風快訊中聽過這些地名吧！南大東島、北大東島是位於那霸東邊約360km海面上的孤獨雙島。兩島間的距離約是13km。從上空往下眺望，兩座島周圍都沒有海濱或淺灘，可以看到屹立於深藍色海水上，被斷崖絕壁包圍的小島。雖然隸屬沖繩縣，但無論是島嶼的生成、文化、自然及歷史都獨樹一格。畢竟這座島歷經4800萬年才來到目前的位置，在地質學上受到高度關注。

大東島是沖繩唯一的隆起環礁島

裙礁

火山島在熱帶地方形成。火山活動一平息下來，島的周圍就會有珊瑚礁生成。

↓

堡礁

島嶼慢慢下沉。與其平行的珊瑚礁不停地往上成長。

↓

環礁

繼續下沉的火山島消失於海面上，僅留下礁湖。長成的珊瑚礁像圓圈圈般圍住礁湖。

➡大東島是環礁繼續隆起形成的隆起環礁島。

像湯盤般的島嶼

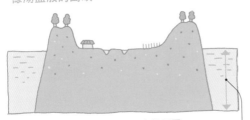

站在大東島中央看不到海洋。島的周圍部分（昔日的珊瑚礁）比內陸區高數十m，內陸區像湯盤底部般低矮。位於這處盆地的池水面，配合漲退潮時高時低。池水和海水藉著地下水路連接一氣。

從水深2000m左右冒出頭的珊瑚柱就是大東島。

地下也有驚奇世界

大東島全島由石灰岩所形成。有多處石灰岩遇雨溶蝕而成的鐘乳洞和滲穴（窪地），島的地底下盡是海綿般的洞穴。

星野洞

據說島上有120處鐘乳洞，當中最大的是南大東島的星野洞。

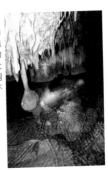

地底湖

在鐘乳洞內也有積蓄透明水而成的地底湖。大東島是令洞窟迷欲罷不能的島嶼。

訴說島嶼歷史的石頭

名為彩虹石的珍貴岩石。這是石灰質泥凝固後所形成的。據推測是石灰岩經過長期風化形成的紅色土壤，在如礁湖般水面平靜的環境堆積而成。

伴隨農曆的生活

「早安。今天是12月10日星期六。農曆是11月12日」。

在沖繩的廣播節目中，很多主播會說這樣的晨間問候語。不是要特立獨行。因為農曆是居民生活中的必要資訊所以要告訴大家。日曆也一樣。縣內製作的日曆或記事本，肯定會在國曆（陽曆）旁邊註記農曆。

和農耕、漁業及祭典緊密連結的農曆

雖然沖繩可能會被誤認是農曆社會，但並非如此。日常生活中使用國曆，不過沖繩的年度例行活動幾乎都以農曆為主。因此，必須要靈活運用兩種日曆。

順帶一提農曆是以月亮盈虧為基礎，再編入陽曆要素的日曆，正式名稱為「太陰太陽曆」（太陰曆1年只有354天，為了補足天數加入24節氣做調整）。

自古以來，包括沖繩在內的東亞地區根據農曆進行農耕漁業，累積了以「曆法」為準則的傳說。如「播種要在滿月時」、「交配最好在滿月的大潮時」、「收割以新月為佳」等說法。

漁業也一樣，在接近農曆6月1日、7月1日、8月1日前後的大潮日子，名為Suku的小魚（褐藍子魚的魚苗）經常會成群地來到沿岸。漁民瞄準這天一網打盡。農曆和農耕漁業就是這麼息息相關。

而且沖繩號稱每個月都有例行活動，有相當多的祭神儀式和農事，所以日曆上如果沒有註記農曆或漲退潮的話，會很不方便。

剛好，日本直到維新後加入近代文明前也是農曆社會。換句話說，重視文化更甚於文明的沖繩，可謂是直接保留了自古以來的習慣與風俗。

波照間島的盂蘭盆活動「Mushaama」。

盂蘭盆節是農曆7月13～15日。也有幾年的盂蘭盆節在9月。

第 5 章

從依照農曆進行的傳統儀式，
到縣民齊聚同歡的活動，沖繩一整年都很忙。

沖繩 行事曆

再認同的地區歷史與牽絆

沖繩的祭典與年度例行活動

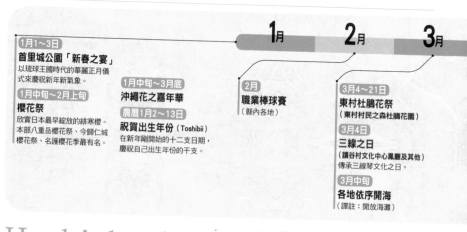

	1月	**2月**	**3月**

1月1～3日
首里城公園「新春之宴」
以琉球王國時代的華麗正月儀式來慶祝新年新氣象。

1月中旬～2月上旬
櫻花祭
欣賞日本最早綻放的緋寒櫻。本部八重岳櫻花祭、今歸仁城櫻花祭、名護櫻花季最有名。

1月中旬～3月底
沖繩花之嘉年華

農曆1月2～13日
祝賀出生年份（Toshibii）
在新年剛開始的十二支日期，慶祝自己出生年份的干支。

2月
職業棒球賽
（縣內各地）

3月4～21日
東村杜鵑花祭
（東村村民之森杜鵑花園）

3月4日
三線之日
（讀谷村文化中心鳳麗及其他）
傳承三線琴文化之日。

3月中旬
各地依序開海
（譯註：開放海灘）

Hachiukushi
（首次升起、開工）

農曆1月3日，漁夫向船神祈求航海安全與豐收在船上擺宴慶祝。飄蕩的大漁旗是新年頭的象徵。

大漁旗
全國共通的設計。

下濱節（Hamauri）

農曆3月3日的節日，沖繩女性來到海邊淨身，享受豐盛美食、拾潮等樂趣。

就算是現在，離島女性們也會在海邊開心地玩一整天。

十六日祭

農曆1月16日。據說是黃泉下的新年，親戚齊聚一堂帶著豐盛美食來祭祖。在宮古島或久米島等離島相當盛行。

沖繩特有的龜甲墓或破風墓，墓前的空間都蓋得很寬敞。

琉球至今，仍然謹慎地傳承著在亞熱帶氣候風土，與琉球王國歷史下形成的特殊傳統儀式。除了確實遵守在農曆舉辦的眾多年度儀式外，還有不少戰後產生的豐富活動，讓當地人及觀光客都樂在其中的沖繩風。以EISA舞舉例來說，這是自古流傳下來在農曆盂蘭盆節接待祖先的風俗活動，週末時的EISA祭典可以欣賞到全島的EISA舞，於日常生活中孕育出新舊祭典文化。尤其是離島，年度例行活動相當盛行，可以感受到獨特的文化與地區活力。

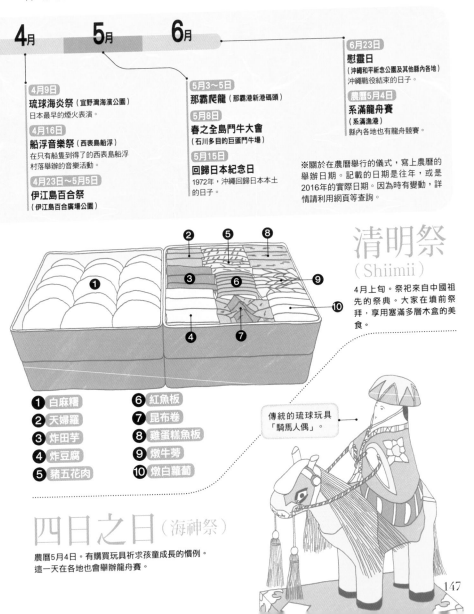

4月　**5**月　**6**月

6月23日
慰靈日
（沖繩和平新念公園及其他縣內各地）
沖繩戰役結束的日子。

4月9日
琉球海炎祭（宜野灣海濱公園）
日本最早的煙火表演。

4月16日
船浮音樂祭（西表島船浮）
在只有船隻到得了的西表島船浮
村落舉辦的音樂活動。

4月23日～5月5日
伊江島百合祭
（伊江島百合廣場公園）

5月3～5日
那霸爬龍（那霸港新港碼頭）

5月8日
春之全島鬥牛大會
（石川多目的巨蛋鬥牛場）

5月15日
回歸日本紀念日
1972年，沖繩回歸日本本土
的日子。

農曆5月4日
系滿龍舟賽
（系滿漁港）
縣內各地也有龍舟競賽。

※關於在農曆舉行的儀式，寫上農曆的
舉辦日期。記載的日期是往年，或是
2016年的實際日期。因為時有變動，詳
情請利用網頁等查詢。

清明祭
（Shiimii）

4月上旬。祭祀來自中國祖
先的祭典。大家在墳前祭
拜，享用塞滿多層木盒的美
食。

❶ 白麻糬　　❻ 紅魚板
❷ 天婦羅　　❼ 昆布卷
❸ 炸田芋　　❽ 雞蛋糕魚板
❹ 炸豆腐　　❾ 燉牛蒡
❺ 豬五花肉　❿ 燉白蘿蔔

傳統的琉球玩具
「騎馬人偶」。

四日之日（海神祭）

農曆5月4日。有購買玩具祈求孩童成長的慣例。
這一天在各地也會舉辦龍舟賽。

7月　　　**8月**　　　**9月**

7月1～3日
日本最西端與那國島
國際釣旗魚大賽
（與那國島）

7月中旬～8月中旬
沖繩啤酒節
在沖繩市、石垣市、宮古
島市舉辦。當地的Orion
啤酒祭典。

7月下旬
豐年祭
（石垣市四個字等各地祭典）

8月7日
萬人EISA舞蹈團
（那霸市國際通）

8月21日
沖繩青年故鄉與EISA祭
（北谷公園田徑場）

8月26～28日（農曆盂蘭盆節後的第一週週末）
沖繩全島EISA祭
（沖繩市Koza運動公園田徑場、胡屋十字路
口周邊）

農曆7月7日
七夕（掃墓）

農曆7月13～15日
農曆盂蘭盆節（祭拜祖先）
部分地區會到16日。

農曆7月13～15日
Angama（祭拜祖先）

農曆7月14日
Mushaama（波照間島）
彌勒佛帶隊，變裝隊伍熱
鬧跳舞的盂蘭盆節活動。

9月17～18日
首里城公園中秋之宴
（首里城公園）
重現招待王國時代冊封使
的饗宴。

農曆8月8～10日
八月舞（多良間島）
組舞、狂言、女舞等各種
表演活動熱鬧登場。

農曆8月13日
Tubarama大會
（石垣市新榮公園）

旗頭
各地精心設計而成。神靈降
臨時的附身物。插在御嶽。

豐年祭
對神明感謝收穫並祈求來
年五穀豐收的儀式。村落
舉辦祭神表演等盛大的
慶祝活動。在八重山
地區相當盛行。

EISA
源自誦經舞。一邊表演大太鼓、
締太鼓、Paranku小鼓、三線琴一
邊緩慢前進。

由各地青年會舉辦。
沖繩本島中部（沖繩
市等）是主場。

月桃葉
具殺菌效果，有
特殊香氣。

Tubarama
大會
石垣市舉辦，演唱八重山的代表性抒情民謠
「Tubarama」大會。在13日晚上的月光
下，男女輪流歌唱。

所有人演唱同
樣曲目「Tub-
arama」。

也有來自縣外
的參賽者。

Muchi（鬼餅）
農曆12月8日把用月桃葉包起來的餅
供奉在佛壇前祈求家人身體健康。這
時期的寒氣稱作「鬼餅寒」。

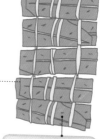

用繩子綁上和歲數相
同數量的餅後掛起。

10月 **11月** **12月**

12月4日
NAHA（那霸）馬拉松

12月23日
Wakateda日出集會（中城城跡）
迎接冬至日出的活動。

10月8〜10日
那霸大拔河祭
（那霸市）
有傳統藝能遊行和那霸大拔河等。

11月12〜13日
Tour de Okinawa
在沖繩本島北部舉辦的自行車賽。

12月31日
摩文仁・火與鐘之祭
（沖繩市和平新念堂）

10月28〜30日、11月3日
首里城祭
令人懷念的古代王朝畫卷遊行。

農曆9月
Pantu
（宮古島島尻地區）

農曆9〜10月
取種子祭（竹富島）
感謝今年的收成與新求來年豐收。

12月中旬
讀谷山燒陶器市集
（讀谷燒窯之里）

農曆9月7日
Kajimaya
在各地舉辦歡慶97歲長壽者的活動。

農曆9月
節祭（西表島）
感謝與祈求豐收的儀式。

農曆12月8日
鬼餅（Muchi）

温暖的沖繩隨時都是
運動天堂

就算寒冬溫度也不會低於10度的沖繩，各地區從秋天到春天會舉辦馬拉松或健走大賽，2月時職業棒球隊會在縣內各地比賽。各式體育活動排滿一整年。建議以參加活動為目的來趟沖繩之旅。

照片提供：琉球新報

美之島沖繩Century Run
本島北部　1月14〜15日

久米島悠閒健走
久米島　1月14〜15日

宮古島100km Waido馬拉松
宮古島　1月15日

**海洋博公園
全國Trim馬拉松大賽**
本島北部　1月15日

石垣島馬拉松
石垣島　1月22日

渡嘉敷島馬拉松
渡嘉敷島　2月4日

竹富町山貓馬拉松大賽
西表島　2月11日

沖繩馬拉松
本島中部　2月19日

Ayahashi海中道路路跑大賽
宇流麻市　4月3日

古宇利島Magic Hour RUN in 今歸仁村
本島北部　4月16日

全日本鐵人三項宮古島大賽
宮古島　4月23日

久米島鐵人三項大賽
久米島　5月14日

伊平屋月光馬拉松
伊平屋島　10月15日

GREAT EARTH石垣・西表島自行車賽
石垣島・西表島　10月22〜23日

久米島馬拉松
久米島　10月23日

伊是名88鐵人三項大賽
伊是名島　10月30日

Eco Island宮古島馬拉松
宮古島　11月6日

Tour de Okinawa
本島北部　11月12〜13日

中部Trim・Half馬拉松
本島中部　11月20日

NAHA馬拉松
本島南部　12月4日

國頭越野跑大賽
本島北部　12月10日

名護・山原二日健行
本島北部　12月10〜11日

※2016〜2017年的行程

祈求漁獲豐收和平安，雄壯的漁夫划船競賽

爬龍

從中國傳來，祈求漁獲豐收和出海平安的划船競賽。Hari是爬龍的中文發音，指的是龍。賽船的船首以龍頭、船尾以龍尾做裝飾。沖繩的漁村多數會在農曆5月4日舉辦賽事，在系滿稱作「Hare」。在王國時代國王和冊封使會觀賞那霸爬龍，曾在首里的龍潭划船。雖然龍舟規模和成員組合依地區而異，但除了划槳手外，船上還會有與划槳手合作無間的擊鐘手及掌舵手。這是場古老懷舊的祭神儀式，也是海上男兒展現雄風的祭典。

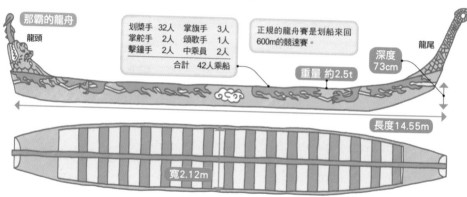

那霸的龍舟

龍頭

划槳手	32人	掌旗手	3人
掌舵手	2人	頌歌手	1人
擊鐘手	2人	中乘員	2人
	合計	42人乘船	

正規的龍舟賽是划船來回600m的競速賽。

深度 73cm

龍尾

重量 約2.5t

長度14.55m

寬2.12m

結合祭神儀式與祭典的那霸爬龍

爬龍在那霸不只是農曆5月4日，5月3～5日的黃金週期間，於那霸港新港碼頭結合多種活動盛大登場。職業隊伍或中學生的對抗賽結束後，泊、久米、那霸3地會在5月5日進行地區對抗賽，這是那霸爬龍的傳統活動。首先高唱爬龍歌在海上緩慢繞圈進行祈願爬龍後，再開始一決勝負的正式龍舟競賽。

深根地區的爬龍

那霸爬龍雖然在廢藩置縣後一度中止，卻在昭和50年（1975）舉辦沖繩海洋博覽會時復活，成為那霸固定的例行性活動。不論是正規龍舟賽，或是職業競賽都很熱鬧。正式上場前借來龍舟輪流在海上演練，參加的隊伍都很認真地努力練習。

(**Data**)···········
那霸爬龍
☎098-862-1442（那霸市觀光協會） 地址：那霸港新港碼頭 交通：自那霸機場車程約20分鐘

在職業龍舟賽中，那霸機場管制員vs JAL集團 vs ANA，或駐日美軍等都會出場。

漁業都市的系滿龍舟賽

漁夫都市‧系滿市的系滿龍舟賽，自古以來就在農曆5月4日於系滿漁港盛大熱烈登場。俗話說「一聽到系滿龍舟賽的敲鐘聲，沖繩梅雨季就結束了」，也是象徵季節的活動。

相傳來自中國比那霸更古老的系滿龍舟賽。做為祈求漁獲豐收的傳統儀式，展開熱烈激戰。

系滿的龍舟裝飾漁夫色彩濃厚。

那霸爬龍的龍舟，相較於其他地區的龍舟，特色是相當巨大。有黑、黃、綠3艘，各自屬於泊、久米、那霸3區。

古老懷舊的祈願爬龍

Check!

其他地區的爬龍

在沖繩各地也有其他划船儀式，不屬於來自中國的爬龍。照片中是大宜味村鹽屋在海神祭時舉行的活動。從海的對岸帶來幸福的儀式。

虔誠款待祖靈

農曆盂蘭盆節

在沖繩設有佛壇的家庭中，農曆盂蘭盆節是最重要的年度儀式。農曆7月13～15日這3天（依地區而異，有的到16日共4天），迎接另一個世界的祖靈來到家中直到送走為止，佛壇上要擺放水果或點心，也要照三餐供奉傳統的豬肉料理等美食。若家中沒有設佛壇，就去親戚家拜訪，在佛壇前獻上中元節禮品及捻香祭拜，與親戚交流。為了告慰祖靈表達謝意，沖繩本島會舉行EISA舞、八重山則有Angama等表演活動。

盂蘭盆節的佛壇

沖繩的佛壇，正面會放上寫著過世祖先姓名的牌位（稱作Tootoomee），左右兩邊擺放盂蘭盆燈、水果或點心等，也會供奉三餐。

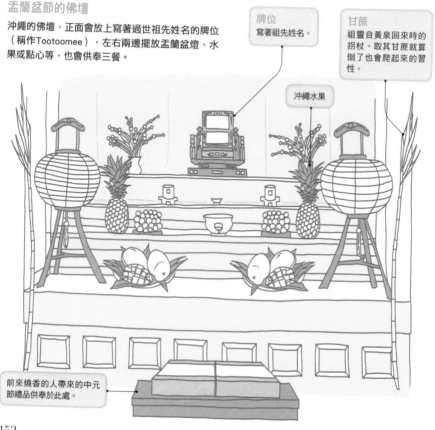

牌位
寫著祖先姓名。

甘蔗
祖靈自黃泉回來時的拐杖。取其甘蔗就算倒了也會爬起來的習性。

沖繩水果

前來燒香的人帶來的中元節禮品供奉於此處。

Angama

以石垣島為中心，盂蘭盆節時出現在八重山地區的是，帶著老爺爺、老奶奶面具名為Angama的祖靈神。Angama走在前面，穿著女裝的一行人自黃泉現身，來到有事先邀請的人家中，一邊跳舞一邊說著有趣的話，進行現實世界和冥界的問與答。

從黃泉歸來的靈魂們。

蒲扇

老爺爺（翁）

老奶奶（媼）

也有這樣的問答
「要去那個世界時的感想是？」
「要到石垣市公所交死亡證明書！」

宇流麻市平敷屋EISA

Paranku小鼓
平敷屋不敲大太鼓或締太鼓，只打Paranku小鼓。

Nakawachi
在其他地區稱作「京太郎」的丑角。一邊跳舞一邊用手吹口哨。

服裝
將琉球絣的和服下擺往內折。

手巾
掛在腰帶上

EISA

源自誦經舞。以村落的青年會為中心，一邊在村莊或各家間打轉，一邊敲打太鼓唱歌跳舞歡送祖靈。依地區不同，服裝或舞蹈各具特色。如果想看傳統EISA，可以在農曆盂蘭盆節15日歡送祖靈之日的晚上，到沖繩市或與勝半島等地繞一繞。

EISA中不可少的丑角京太郎。

本島中部的EISA

遊行表演（Michijune）
大太鼓打頭陣的EISA隊伍在街上緩慢遊行。

大太鼓
EISA的花樣。

Check!

EISA的團隊競賽

原本是在送走祖靈的夜晚才舉行EISA，但全島EISA大賽和沖繩青年故鄉EISA祭從白天就開始進行。沖繩各地青年會的EISA齊聚一堂，是場較量技藝和美的例行性活動。

分東西繩一決雌雄的傳統儀式

那霸大拔河

做為感謝收穫和祈求豐收的年度活動，配合稻穀收成於農曆6月在沖繩各地舉辦的拔河賽。在那霸自王國時代起，國家有慶典時就會拔河，最後卻於1935年停辦。1971年，為了留住10月10日的那霸空襲記憶與祈求和平而恢復，目前在10月10日的前後3天還會舉辦各種活動，成為那霸市最大型的祭典。封住國道禁止通行，市民和觀光客一起站在東西隊伍拉拔這條登錄於金氏世界紀錄上，世界第一的巨大稻繩。

沖繩拔河

在外縣市說到拔河腦海中浮現的是運動會，但在沖繩，源自祈求五穀豐收的祭神儀式，以勝敗來占卜收成情況。將分成兩組的雌雄2條繩索結合起來拉拔是沖繩式作法。在八重山諸島於農曆5、6月豐年祭時拔河。

以「世界第一稻草做的繩索」獲得金氏世界紀錄肯定！

認定日期	1997年12月3日
全長	186m
總重量	40.22t
繩索直徑	1.58m

西

任何人都可以參與拔河盛事的那霸大拔河。現場充滿1萬5000人的熱情。

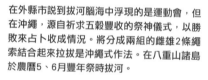

化妝繩

手繩
為了拉動本繩而綁上的繩索。女繩加男繩共綁了280條手繩。據說在結束後，剪下來帶回家可以招來幸運。

西支度
支度是由扮成歷史上的人物，拔河前站在繩索上提振士氣後進行對決。西支度裝成中山王，東支度則是北山王等。

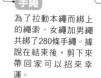

借用那霸軍港製作繩索。綑住芯繩,用化妝繩捲起後做成本繩,再綁上拉拔用的手繩。

做好的巨大繩索放在大型拖板車上運送,當天早上,用吊車將繩子放在撤走中央分隔島的國道58號線上。

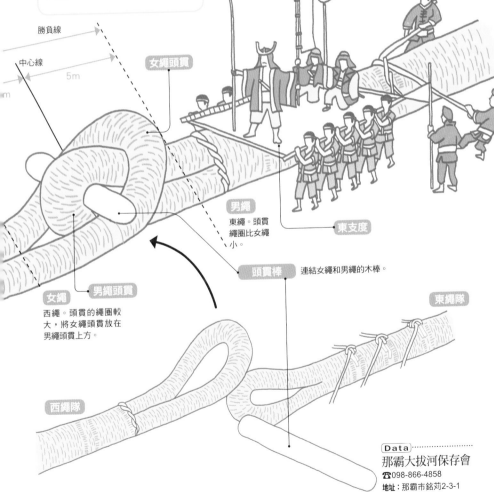

勝負線

中心線

5m

女繩頭貫

東

男繩
東繩。頭貫繩圈比女繩小。

東支度

頭貫棒 連結女繩和男繩的木棒。

男繩頭貫

女繩
西繩。頭貫的繩圈較大,將女繩頭貫放在男繩頭貫上方。

東繩隊

西繩隊

Data
那霸大拔河保存會
☎098-866-4858
地址:那霸市銘苅2-3-1

155

以奇異的姿態現身帶來豐收後離去

來訪神的外形

彌勒佛（Miruku）

彌勒菩薩。頭上戴著類似七福神中布袋和尚福態模樣的面具，是帶來五穀豐收彌勒世界（理想世界）的神明。在豐年祭等和彌勒曲一起帶著孩子們現身。

彌勒面具
在八重山是帶布袋和尚的面具。

扇子
拿著會召來福氣的扇子。

黃色服裝。

來自中國的布袋和尚

八重山的彌勒扮成布袋和尚的臉，其緣故來自中國大陸的彌勒佛信仰布袋和尚。布袋和尚變身成彌勒佛的姿態。八重山最古老的布袋和尚面具放在石垣市登野城，相傳是18世紀末由越南傳入的物品。

Pantu

出現在宮古島市島尻祭典上的怪樣神。全身被沾滿古井泥巴的藤蔓纏住，帶著木頭面具。走在路上或到各家拜訪，將惡臭的泥巴塗在人們臉上以去除厄運，帶來祝福。

據說以前曾有被蒲葵包住的面具漂流到島尻海岸，成為這個儀式的起源。

用芒草綁成的裝飾物（稱作Mata）。

名為Kyan的蔓草上沾滿水井（稱作Nmar-iga）的泥巴。

Check!

宮古島沒有！

彌勒佛會在八重山地區的豐年祭上現身。沖繩本島的首里彌勒佛也很有名。但是在宮古島的祭典、儀式中卻不會有彌勒佛出現。

來訪神是在沖繩村落的祭祀中會看到的特殊神明概念。一年一次，從在東海名為Niraikanai（烏托邦）的世界來到村落，接受唱歌跳舞的款待，留給人們豐收和幸福後離去。各地區信仰著不同的來訪神。

在八重山有名為Akamata・Kuromata、Mayunganashi的神明來訪儀式，是著名的神祕祭典。迎接這些神明的是稱作Tsukasa（沖繩本島稱祝女Noro）的女性祭司。有些人會穿上白色服裝，頭上纏著植物的藤蔓或葉片。

Mayunganashi

出現在石垣市川平的節祭上。臉用布巾蒙住，戴斗笠穿蓑衣手持六尺木棒，家家戶戶沿門拜訪，唱著名為神口對神明祈願的話語來祝福。

六尺棒

蒲葵斗笠

蓑衣

成為神明的人類，直到隔天早上返回人間為止，嚴禁與村民說話。

Fadachimi

西表島祖納・干立舉行節祭時，在帶來豐收的Anga隊伍中現身。全身罩著黑色衣袍走在隊伍前頭。

會有2位出現在祖納的節祭上。

扇子

Tsukasa（祭司）
在八重山主持御嶽儀式的女性。沖繩本島稱作祝女（Noro）。披上神明服裝，念誦著祈禱文等。

Fadachimi 是真實存在的女性？
相傳Fadachimi是西元1500年左右，豪門祖納族長家的孫女。和外國青年私奔，經過數年後回到島上。罩著黑色衣袍或許是為了遮住五官吧！

N

0 10km

東シナ海

国頭村

山原之森 P.12

与那覇岳

舊大宜味村公所廳舍 P.120

古宇利大橋 P.106

伊江島

Warumi大橋 P.107

伊江村

今歸仁城跡 P.84

古宇利島

沖繩美麗海水族館 P.102

今帰仁村

屋我地島

大宜味村

東村

瀬底島

本部町

水納島

八重岳 P.16

慶佐次灣的紅樹林 P.20

名護市政廳 P.120

名護市

名護湾

沖繩県

萬座毛 P.18

恩納村

宜野座村

讀谷燒窯之里 P.116

沖縄自動車道

金武町

金武湾

勝連城跡 P.90

座喜味城跡 P.86

読谷村

平安座海中大橋 P.107

伊計島

うるま市

宮城島

嘉手納町

太平洋

平安座島

沖縄市

飯比嘉島

首里城 P.50

北谷町

識名園 P.56

北中城村

浮原島

牧志公設市場 P.110

宜野湾市

中村家住宅 P.96

南浮原島

國際通 P.114

中城村

中城城跡 P.88

浦添市

那覇市

中城湾

那覇空港

西原町

津堅島

聖方濟各教堂 P.118

ゆいレール

南風原町

与那原町

齋場御嶽 P.92

豊見城市

南城市

久高島

八重瀬町

Niraikanai橋 P.107

糸満市

玉泉洞（沖繩world）P.34

Sakitari洞（Gangala之谷）P.100

東シナ海

沖永良部島

0 50km

伊平屋島
伊是名島

与論島

鹿児島県

粟国島

沖繩島

久米島

渡嘉敷島

慶良間列島

終端之濱 P.32

南大東島・北大東島 P.142

疊石 P.22

沖繩県

小濱島 P.139

池間大橋 P.109

宮古列島

與那國島 P.140

伊良部島

宮古島 P.132

石垣島 P.133

多良間島

吉野海岸 P.26

八重山列島

白保的藍珊瑚群體 P.28

伊良部大橋 P.108

波照間島 P.14

來間大橋 P.109

竹富島 P.136

與那霸前濱 P.24

西表島 P.128

黑島 P.138

下地島的通池 P.30

太平洋

沖大東島

Map &
Index

TITLE

放大鏡下的日本城市慢旅　沖繩圖鑑

出版　　　瑞昇文化事業股份有限公司
編著　　　JTB Publishing, Inc.
譯者　　　郭欣惠

總編輯　　郭湘齡
責任編輯　莊薇熙
文字編輯　黃美玉　黃思婷
美術編輯　朱哲宏
排版　　　二次方數位設計
製版　　　明宏彩色照相股份有限公司
印刷　　　桂林彩色印刷股份有限公司

法律顧問　經兆國際法律事務所　黃沛聲律師

戶名　　　瑞昇文化事業股份有限公司
劃撥帳號　19598343
地址　　　新北市中和區景平路464巷2弄1-4號
電話　　　(02)2945-3191
傳真　　　(02)2945-3190
網址　　　www.rising-books.com.tw
Mail　　　resing@ms34.hinet.net

初版日期　2017年5月
定價　　　380元

國家圖書館出版品預行編目資料

放大鏡下的日本城市慢旅 沖繩圖鑑 /
JTB Publishing, Inc. 編著；郭欣惠譯
-- 初版. -- 新北市 : 瑞昇文化, 2017.05
168　面 ; 14.8 X 21　公分
ISBN 978-986-401-170-4(平裝)

1.旅遊 2.日本沖繩縣

731.7889　　　　　　　　106006168

※本書掲載の地図は国土地理院発行の地形図を調整したものです。
日本版原書名：ニッポンを解剖する！沖縄図鑑
日本版發行人：秋田　守

NIPPON WO KAIBOUSURU! OKINAWA ZUKAN
Copyright © 2016 JTB Publishing, Inc.
All Rights Reserved.
First published in Japan in 2016 by JTB Publishing, Inc., Tokyo.
Chinese translation rights arranged with JTB Publishing, Inc.
through Creek and River Co., Ltd., Tokyo.